地球の歩き方

[ぷらっと]

Plat

SAN
FRANCISCO

25 サンフランシスコ

TODO LIST

GOURMET & SHOPPING

AREA GUIDE

SHORT TRIP

INFORMATION

CONTENTS

Plat SAN FRANCISCO
地球の歩き方 [ぷらっと]

10 THINGS TO DO ☑ IN SAN FRANCISCO

9 サンフランシスコ
でしたいこと & でしかできないこと

SAN FRANCISCO AREA NAVI

サンフランシスコは3方を海に囲まれた
半島の先端部にある。
アメリカを代表する都市のわりにその面積は小さく、
東西南北約10kmの範囲内にほぼ入ってしまう。

サンフランシスコ★

15
13
11
12
10
9
16

1 ダウンタウンの中心はココ
ユニオンスクエア
Union Square

アメリカ南北戦争時の北軍
（Union）に由来する街の中
心。ホテルやデパート、ブラ
ンドショップの密集地で、ライ
ブなどのチケットを販売するブ
ースもある。

 ▶P.68

2 海風が気持ちいい高層ビル街
ファイナンシャル・
ディストリクト＆
エンバーカデロ
Financial District & Embarcadero

高層ビルが立ち並ぶビジネス
街とベイブリッジを望む海沿い
のエリア。フェリービルが一
番の見どころ。

▶P.70

3 カオスが楽しい多国籍エリア
チャイナタウン＆
ノースビーチ
Chinatown & North Beach

ノースビーチはイタリア系移民
のコミュニティ。中国系移民
のエリアであるチャイナタウン
とともに、昔から変わらぬ街
の姿がある。

 ▶P.72

4 活気あふれる人気スポット
フィッシャーマンズ
ワーフ
Fisherman's Wharf

名前のとおりもともとここには
漁港があり、半世紀前に大
規模な再開発が行われた。
現在は街を代表する、にぎや
かな観光スポットだ。

▶P.78

8

ゴールデン・ゲート・パーク
Golden Gate Park

9 バークレー
Barkeley
全米トップレベルの大学がある学生の街
▶ P.38

11 ワインカントリー
Wine Country
丘陵地帯にブドウ畑が広がる美しい土地
▶ P.42

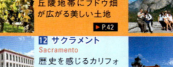
14 ヨセミテ国立公園
Yosemite National Park
迫力ある岩壁がそびえる世界自然遺産
▶ P.90

10 サウサリート
Sausalito
ノースベイの静かで落ち着いた港町
▶ P.86

12 サクラメント
Sacramento
歴史を感じるカリフォルニア州の州都
▶ P.98

15 メンドシーノ
Mendocino
太平洋を望む洗練された海辺の小さな街
▶ P.100

13 レイク・タホ
Lake Tahoe
透明度抜群の美しい湖に臨むリゾート
▶ P.94

16 モントレー&カーメル
Monterey & Carmel
海岸線をドライブして訪れたいふたつの街
▶ P.102

ファイナンシャル・ディストリクト&エンバーカデロ
Financial District & Embacadero

チャイナタウン&ノースビーチ
Chinatown & North Beach

フィッシャーマンズワーフ
Fisherman's Wharf

ノブヒル&ロシアンヒル
Nob Hill & Russian Hill

ユニオンスクエア
Union Square

SOMA
（サウス・オブ・マーケット）
South of Market Street

ミッション
Mission

サンフランシスコ
国際空港へ

5 急坂いっぱいの高級住宅街
**ノブヒル&
ロシアンヒル**
Nob Hill & Russian Hill

坂の多い街で、最も起伏の激しい場所。昔からお金持ちは丘の上に住んでいたが、それは今も同じ。高級ホテルも集まっている。

▶ P.76

6 未来的景観が魅力のエリア
SOMA
（サウス・オブ・マーケット）
South of Market Street

大規模な再開発で日々様相を変えるエリア。多くの最先端IT企業が本社を構えており、それにふさわしい未来的な建物も多い。

▶ P.20

7 街で一番のおしゃれスポット
ミッション
Mission

18世紀に建てられたキリスト教伝道所（ミッション）の周囲に広がっている。ヒスパニック系住民が多く、ファッション感度の高いエリアでもある。

▶ P.24

8 施設も充実、広大な都市公園
ゴールデン・ゲート・パーク
Golden Gate Park

長さ東西約5km、幅約800m。造成された公園としては世界一の規模。園内には9000種を超える植物があり、博物館、美術館も見応え十分だ。

▶ P.82

サンフランシスコ観光 モデルプラン

72 HOURS

限られた時間のなかでも訪れておきたい
王道のスポットを組み込んだ3つのプランをご紹介。

坂の街を歩こう！

01 初めてなら必ずおさえておきたい定番スポット

人気観光スポットのなかでもまず訪れておきたい。

9:30 ケーブルカー ▶P.10

まずはこれに乗って出発。乗物自体が観光スポット！

20〜30分

10:00 フィッシャーマンズワーフ ▶P.78

人気No.1の観光スポットへ。シーフードが名物。

バス25分

12:00 ゴールデン・ゲート・ブリッジ ▶P.16

サンフランシスコのシンボル。レンタサイクルでのアクセスも楽しい。

バス約30分

15:00 ノースビーチとチャイナタウン ▶P.72

徒歩約15分

17:00 ユニオンスクエア ▶P.68

街の中心は、ショッピング、グルメなんでも充実。

ボクたちをパウエルSt.で探して

02 トレンド発信地とアートを巡る

ファッションやアートに興味がある人におすすめ。

10:00 近代美術館（SFMOMA） ▶P.34

企画展がメインの全米有数の現代アートの殿堂。ミュージアムショップも充実。

バス約35分

12:00 デ・ヤング美術館 ▶P.36

街で最も歴史のある美術館。公園の中の立地もいい。サイエンスにも興味があるなら、すぐ近くのカリフォルニア科学アカデミー ▶P.85 にも立ち寄りたい。

バス約45分

14:00 ミッション地区 ▶P.24

バレンシアストリートを中心にブティックや雑貨店などが並ぶトレンド発信地。壁画アートのレベルの高さに感心しきり。

たくさんのカフェ巡りも楽しいよ

フォー・バレル・コーヒー ▶P.54
西海岸有数のコーヒー文化を体験。

03 SFの個性的なコミュニティを訪ねる

ヒッピー文化が始まった最も先進的な街は今も新しい文化を生み出している。

10:00 フィルモアストリート ▶P.32

高級住宅が並ぶパシフィックハイツにあり、洗練されたショップやカフェが並ぶ。

バス約20分

12:00 ヘイズストリート ▶P.33

かつてのさびれたエリアも、再生なった今は誰もが歩けるおしゃれなスポット。サンフランシスコの景色として有名なアラモスクエアも近い。

バス約15分

14:00 ヘイトストリート ▶P.31

ヘイト＆アシュベリーといえばヒッピー文化発祥の地。今もどことなく漂う1960〜70年代の香り。

ヒッピーのファッション

徒歩約25分

16:00 カストロストリート ▶P.30

LGBT文化の中心地。感度の高い人が集まり、ファッションやグルメのレベルも高い。暗くなっても大通りなら安全。

本書の使い方

本書は、TO DO LIST（厳選の観光物件）、テーマ別ガイド、エリアガイド、ショートトリップ、トラベルインフォメーション、MAPによって構成されています。

おすすめコースと歩き方ルートを紹介

エリアごとにポイントをおさえながら、効率よく回れるルートを紹介しています。

Column \Check!!

知っていると便利な情報

街歩きがいっそう楽しくなる、コラムやチェックポイントを掲載しています。

はみだし情報

旅に役立つ補足情報やアドバイス、サンフランシスコに詳しくなる雑学、クチコミネタなどを紹介しています。

エリアの特徴を紹介

各エリアの特徴や楽しみ方、効率よく散策するためのヒント、最寄り駅などの交通案内を簡潔にまとめました。

地図参照について

▶ Map P.130-A2
各物件の位置は、巻末P.128〜139で探すことができます。

> おおまかな位置関係も早わかり！

▶ Data P.120

エリアガイドで紹介した物件でより詳しい情報やデータがある場合は、そのページを明記しています。

アイコンの見方

- 📷 観光スポット
- 🍴 レストラン
- 🍰 スイーツ店
- ☕ カフェ
- ✉ ショップ
- 🧖 スパ・マッサージ

データの見方

- 住　住所
- TEL　電話番号
- Free　無料電話番号
- FAX　ファクス番号
- 開　営業時間、開館時間
- 休　定休日、休館日
- 料　料金、予算

- Card　クレジットカード
- A　アメリカン・エキスプレス
- D　ダイナース
- J　JCB
- M　マスター
- V　ビザ
- 交　アクセス
- URL　URL

- Mail　eメール
- 服　ドレスコード
- 予　予約の要不要、予約先

道路名など

Rd.	Road
St.	Street
Bldg.	Building

※**本書は正確な情報の掲載に努めていますが、ご旅行の際は必ず現地で最新情報をご確認ください。また掲載情報による損失等の責任を弊社は負いかねますのであらかじめご了承ください。**

10 THINGS TO DO IN
SAN
FRANCISCO

サンフランシスコでしたいこと&
サンフランシスコでしかできないこと

全米人気都市ランキングで常に上位にランクされる、
またの名を"City by the Bay"。
この街を訪れたなら、ぜひやってみたいこと、見てみたいもの、
街を知るためにはぜひ訪れたいところをリストアップ。

Cable Car

坂の街の人気エリアを巡る

ケーブルカーで 爽快1日観光

坂の街、サンフランシスコではケーブルカーが大活躍。
変化に富んだ美しい車窓や街の主要スポットを結ぶ使い勝手のよさが
魅力なので、上手に乗りこなして効率的に観光しよう。

観光シーズンは混雑のため、ケーブルカーになかなか乗れないことも。何本か待つつもりで時間に余裕をもっておこう。

POWELL AND MARKET

HYDE ST. BEACH FISHERMAN'S WHARF

15

SFのシンボル的存在
ケーブルカー Cable Car

1873年に誕生したもので、世界初のケーブルカーとしても知られる。3つの路線は、観光客のほか、早朝や夕方は地元の人たちの通勤や通学の足としても重宝されている。

開毎日6:00〜翌0:20頃（曜日、路線によって異なる）料1回の乗車につき$7（クリッパーカード使用時も運賃は同じ）、ミュニパスポート、シティバス利用可能（→P119）URL www.sfmta.com

路線は**3**つ!

SFのケーブルカーは3路線。それぞれ異なる趣の街並みを走り、見られる景色も違うので、時間があれば全路線に乗ってみてもいいだろう。

\ROUTE MAP/

フィッシャーマンズ
ワーフ

ノースビーチ

パウエル・メイソン線

パウエル・ハイド線

ロシアン
ヒル

チャイナ
タウン

ノブヒル

カリフォルニア線

ファイナンシャル
ディストリクト

ユニオン
スクエア

1 SFの絶景が楽しめる パウエル・ハイド線

風光明媚な人気路線

ユニオンスクエアの南側から、フィッシャーマンズワーフ西側のサンフランシスコ海洋国立歴史公園までを結ぶ。

ノースビーチに行くならこの路線!

2 個性豊かなエリアを縦断する パウエル・メイソン線

ユニオンスクエアの南側から、フィッシャーマンズワーフ南側のTaylor ＆ Bay St.の停留所まで。

3 地元民御用達の カリフォルニア線

比較的すいてます!

ファイナンシャルディストリクトからチャイナタウン、ノブヒルなどを結びながら東西にのびる。地元の人の利用が多い。

ケーブルカー満喫テクニック!

● **名所が集中した 使える路線は?**

ユニオンスクエアとフィッシャーマンズワーフを結ぶパウエル・ハイド線とパウエル・メイソン線が観光客には便利。

● **混雑を避け、 並ばずに乗る時短術**

パウエルストリートの発着所が行列なら1ブロック先の停留所から乗るとよい。満席なこともあるが少し待てば乗れる。

● **ミュニパスポート活用の ススメ**

1・3・7日間の3種類あり、ミュニバス、ミュニメトロ、ケーブルカーで使える。観光案内所などで購入可。

● **ステップ乗車 をしてみよう**

ケーブルカーの横に立ち乗りするのも気持ちがいい。乗車時に車掌に意思表示をしよう。

乗り方 How To

1｜チケット購入

発着所そばにあるブースで購入する。乗車後は車内で車掌に支払う。クリッパーカード(→P.118)も使用できる。

2｜停留所を探す

停留所は路線上の約1ブロックごとにある。茶色い看板が目印。行き先をきちんと確認しよう。

3｜乗車

看板のそばで待っていれば停まってくれる。満席の場合は車掌にストップをかけられるので次を待とう。

4｜降車

終点までなら問題ないが、途中の停留所で降りる場合は目的地に近づいたら車掌にアピールしよう。

車窓からの眺めも楽しんで

名所を縦断！

パウエル・ハイド線で途中下車の旅

To フィッシャーマンズワーフ

観光客に一番人気のパウエル・ハイド線沿線には見どころが満載。気ままに途中下車しながら、くまなく散策しよう。

ライトアップされたベイブリッジやSFの夜景が楽しめる夜のケーブルカーもおすすめ。

Powell St. & Pine St. 下車すぐ

チャイナタウンゲートから先は別の国

地図
- パウエル・ハイド線
- パウエル・メイソン線
- カリフォルニア線

N
0　　　500m

⑧ フィッシャーマンズワーフ ★
Goal!
⑦ ギラデリスクエア ★
⑥
ハイド
ストリート
ロンバード
ストリート
⑤
Lombard St.
ノースビーチ
コイト
タワー
ロシアンヒル
Powell St.
Columbus Ave.
ケーブルカー
博物館 ④
③ チャイナ
タウン ★
ノブヒル
トランスアメリカ
ピラミッド
California St.
ファイナンシャル
ディストリクト
② ユニオンスクエア
Market St.
Hyde St.
Mason St.
Start!
① パウエルストリート
乗車場

② ユニオンスクエア
Union Square

ダウンタウンの中心で、広場を中心にホテルやデパート、ショッピングモール、有名ブランドのショップ、レストランなどが集結している。

▶ Map P.134-B1

Powell St. & Post St. 下車すぐ

観光の起点となる広場

③ チャイナタウン
Chinatown

アメリカ最大規模のチャイナタウン。中華系のショップやレストランが軒を連ね、赤いちょうちんが下がるオリエンタルな街並みが広がっている。

▶ Map P.132-B3

④ ケーブルカー博物館
Cable Car Museum

Washington St. & Mason St. 下車徒歩約1分

ケーブルカーは動き続けるケーブルに引っ張られて動く。その動力がここにあり、巨大な車輪が轟音を響かせながら回転している。

▶ Map P.132-B3

🏠1201 Mason St. ☎(1-415)
474-1887 🕐4〜10月10:00〜18:00
(11〜3月〜17:00) 🚫サンクスギビング、12/25、1/1 💰無料 🔗www.cablecarmuseum.org

1 れんが造りの印象的な建物 2 ケーブルは時速9.5マイル(約15キロ)で回転している

人力で車両の方向転換をする様子は必見

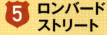
START!

① パウエルストリート乗車場
Powell St. & Market St.

朝から観光客で大行列ができる。パウエル・ハイド線とパウエル・メイソン線の発着所になっているので、行き先をしっかり確認しよう。

▶ Map P.134-B1

⑤ ロンバードストリート
Lombard Street

Hyde St. & Lombard St. 下車すぐ

別名「世界一曲がりくねった坂道The Crookedest Street in the World」。ロシアンヒルの観光名所のひとつで、いつも多くの観光客でにぎわう。

▶ Map P.132-A2

6 ハイドストリート
Hyde Street

フィッシャーマンズワーフへ向かう最後の下り道では、正面に海やアルカトラズ島、左手にゴールデン・ゲート・ブリッジを一望できる。

▶Map P.132-A2

Hyde St. & Beach St. 下車徒歩 約3分

Hyde St. & Chestnut St. 下車すぐ

海を見下ろす好立地に建つ

7 ギラデリスクエア
Ghirardelli Square

SF名物にもなっているギラデリチョコレートの工場を改装したショッピングモール。「Ghirardelli」の大きなサインが目印。

▶Map P.132-A1

住900 North Point St. 電(1-415)775-5500 開毎日11:00〜21:00 冬季は短縮、店舗によって異なる 休無休 URL www.ghirardellisq.com

モデルコース
／ 所要約2時間 ＼
1 パウエルストリート
↓ ケーブルカーで約2分
2 ユニオンスクエア
↓ 徒歩で5分
3 チャイナタウン
↓ 徒歩で7分
4 ケーブルカー博物館
↓ ケーブルカーで約8分
5 ロンバードストリート
↓ ケーブルカーで約1分
6 ハイドストリート
↓ ケーブルカーと徒歩で約5分
7 ギラデリスクエア
↓ 徒歩で3分
8 フィッシャーマンズワーフ

GOAL!

8 フィッシャーマンズワーフ
Fisherman's Wharf

港町の雰囲気を感じられるSFきっての観光エリア。ピア36を中心に、新鮮な魚介を提供する飲食店やみやげ物店が集まっている。

▶Map P.132-AB1

Hyde St. & Beach St. 下車徒歩 5分

ピア36の入口にあるカニのサイン

ベストアングル！

ココがPOINT
Photo Spot

ナイスビューをキレイに撮るには
坂と海、そしてアルカトラズ島が収まった構図にケーブルカーを入れ込むと、雰囲気のある1枚が撮れる。

1 急勾配の道にZ字状の急カーブが8ヵ所ある 2 坂の両側に歩行者用の通路がある

1 ピア36にはショップやレストラン、水族館などもある 2 店頭にはカニやロブスターが並ぶ

＼ 帰りは海沿いを走るミュニメトロへ乗車 ／

いろんな乗り物を乗り比べよう ＼Check!／

ダウンタウンに戻るなら、帰りは海沿いを走るミュニメトロのE、F線を利用してみたい。行きとは異なる風景が楽しめるうえ、ケーブルカーの混雑を避けることができる。

電311(市内) 開5:00〜翌1:00(土・日5:30〜)(駅、系統により異なる) 料大人$3(クリッパー使用時$2.50)、65歳以上のシニア(要身分証明書)・子供(5〜18歳)$1.50、4歳以下無料、ミュニパスポート、シティパス利用可能(P.118)。乗り換えはトランスファーチケットの提示で120分以内なら何回でも可能 URL www.sfmta.com

レトロなデザインがかわいいミュニメトロ

起伏のあるコースで走行距離も長いので、電動自転車を選ぶと快適に楽しめる。

冒険気分でスイスイ

SFを駆け抜ける ノースショアサイクリング！

アクティブ派には、フィッシャーマンズワーフを出発してゴールデン・ゲート・ブリッジを渡りサウサリートへ向かうサイクリングがおすすめ。見どころ満載なコースでSFの新たな魅力を見つけよう。

TOTAL 3〜4時間

サイクリングルート

1. フィッシャーマンズワーフ
   - 自転車で約20分
2. クリッシーフィールド
   - 自転車で約10分
3. フォートポイント
   - 自転車で約15分
4. ゴールデン・ゲート・ブリッジ
   - 自転車で約20分
5. ビスタポイント
   - 自転車で約15分
6. サウサリート

CHALLENGE!!

ノースショアサイクリング
North Shore Cycling

自転車のレンタルショップはたくさんあり当日受付もOK。帰りのフェリーの時間から逆算して早めに出発しよう。

自転車レンタルはココで

ブレイジングサドルズ
Blazing Saddles

フィッシャーマンズワーフ周辺に6店舗を構える。自転車のサイズや種類も豊富。

▶ Map P.132-A1

体験DATA

借り方	パスポートとクレジットカードの提示が必要
料金	1時間$8、24時間$32〜78
予約	オンライン予約で割引もある

住2715 Hyde St. 電(1-415)202-8888 時毎日8:00〜20:00（季節により異なる）。返却は24時間可能 休無休 交ケーブルカーパウエル・ハイド線Hyde St. & Beach St.下車徒歩約1分 URLwww.blazingsaddles.com/san-francisco

N

ティブロン
Tiburon

エンゼルアイランド州立公園

サウサリート
Sausalito

サウサリート

ビスタポイント

サンフランシスコ湾

アルカトラズ島

ゴールデン・ゲート・ブリッジ

プレシディオ
Presidio

クリッシーフィールド

Start!

Goal!

フェリーでリターン

Goal!

リンカーンパーク

フォートポイント

フィッシャーマンズワーフ

San Francisco

ゴールデン・ゲート・パーク

Golden Gate Ferry
Blue & Gold Fleet

潮風が
気持ちいい！

グルメもCheck！

SF名物でひと息入れて！

$8.95

ピア マーケットの
クラムチャウダー

フィッシャーマンズワーフの名物グ
ルメといえばクラムチャウダー。大
きなパンをくり抜いた器にたっぷり
盛られて食べ応え十分。

具だくさんスープ
でサイクリングの
エネルギーをチャ
ージしよう

ピア マーケット
Pier Market

▶Map P.132-B1

住#103, Pier 39 電(1-415)989-7437 開
月～金11:00～22:00(土・日10:30～)休
無休 交ギラデリスクエアより徒歩約16
分 URLpiermarket.com/

走りやすいサイクリングロード

02
POINT

クリッシーフィールド
Crissy Field

かつて軍用の飛行場があった国立保護地エリア。サイクリング
ロードがきれいに整備されていて、ゴールデン・ゲート・ブリッ
ジを背に地元の人たちがくつろぐ様子が見られる。

▶Map P.130-B1

1

START！

01
POINT

SFきっての観光エリア

フィッシャーマンズワーフ
Fisherman's Wharf

新鮮な魚介類を提供する
レストランやおみやげが並
ぶショップが軒を連ね、観
光客であふれる。シンボル
であるカニの看板の前から
サイクリングスタート！

▶詳細 P.78
▶Map P.132-AB1

交ケーブルカーパウエル・ハイド
線Hyde St. & Beach St. 下車徒
歩約5分

カニの看板は
人気の撮影ス
ポット

2

1 ゴールデン・ゲ
ート・ブリッジを望
む風光明媚な
エリア 2 自転
車専用レーンが
広めで走りやす
い

03 POINT

美しい橋を間近に望む
フォートポイント
Fort Point

ゴールデン・ゲート・ブリッジの南のたもとにあるビュースポット。もとは海上から攻めてくる敵の攻撃から守るための砦として1861年に建設されたもので、現在は博物館になっている。

▶Map P.130-B1
🏠Marine Dr. ☎(1-415)561-4959 開金〜日10:00〜17:00(内部公開以外は毎日) 休月〜木、サンクスギビング、12/25、1/1 料無料 URLwww.nps.gov/fopo

水分補給も忘れずに！

\ Check!/

┌─ 渡る前に確認 ─┐
サイクリングルール
☑ 自転車は歩道を走ってはいけない
☑ 車道の右側か自転車専用道を走る
☑ 駐輪は決められた場所にすること
☑ 18歳以下はヘルメットの着用が必須

※レンタル自転車にはヘルメットがセットになっている。

1 ゴールデン・ゲート・ブリッジの真下にある　2 博物館には古い剣や銃、大砲などが展示されている　3 絶好の写真スポット

04 POINT

橋からの眺めは最高！
ゴールデン・ゲート・ブリッジ
Golden Gate Bridge

1937年に完成した、全長2737m、橋の中央の高さが67mという巨大なつり橋。橋の上は歩行者や自転車が多く、風も強いので注意して運転しよう。

▶Map P.130-B1
🏠Marine Dr. ☎(1-415)561-4700 料徒歩、自転車は無料。車はサンフランシスコに入る際に$7.35〜8.35徴収 URLwww.nps.gov/goga

1 車が通るたびに揺れるので少し怖い　2 近くで見るとその大きさが実感できる

SF市内を一望！

途中で停止するときはじゃまにならない場所を選んで

GGBのおすすめショップ

おみやげを探すならここ
ゴールデン・ゲート・ブリッジウエルカムセンター
Golden Gate Bridge Welcome Center

橋のサンフランシスコ側にある駐車場に隣接した観光案内所兼ショップ。店内には橋をモチーフにしたグッズがたくさん。

▶Map P.130-B1
🏠Golden Gate Bridge ☎(1-415)426-5220 開毎日9:00〜18:00 休無休 URLwww.nps.gov/goga

細かな部分まで作り込まれたキーホルダー$5.95

霧に包まれた橋を再現した幻想的な置物$29.95

眺めるだけでいつでもSF気分に浸れる$8.95

ノースショアサイクリング！

05 POINT

写真撮影を忘れずに
ビスタポイント
Vista Point

ゴールデン・ゲート・ブリッジの先にサンフランシスコの街並みが広がる絶景を眺められる最高のビューポイント。橋を渡りきったらすぐの場所にあるので見落とさないように気をつけて。

▶Map P.129-A1

\Check!/

注意！週末のアクセスの仕方

旅行者だけでなく、地元のサイクリストにも人気のルートなので、サウサリートからサンフランシスコに戻るフェリーはかなり混雑している。特に週末の夕方はとても混むので、できれば朝出発して、午後の早い時間に戻ったほうがいい。

06 POINT

美しい港町
サウサリート
Sausalito

ビスタポイントから緩やかな坂を下って行くと現れる高級住宅街。1960年代に芸術家たちがハウスボートに住みコミュニティを作ったエリアで、今もその面影を強く残している。

▶詳細 P.86

\GOAL!/

07 POINT

海から望む景色も楽しみ
フェリーでリターン

サウサリート発のフェリーは自転車ごと乗船できるので、帰りはこちらを利用すると便利。最終便を逃すと自力で戻らなくてはいけないので、事前に時間を確認しておこう。

サウサリート・フェリーターミナル
Sausalito Ferry Terminal

▶Map P.87
住Sausalito Ferry Terminal 電(1-415)705-8200 休無休

まずはフェリーを予約しよう！

\Check!/

ブルー＆ゴールド・フリート Blue & Gold Fleet
料大人$13 URL www.blueandgoldfleet.com

フェリーからはアルカトラズ島も間近に見られる

1 下り坂が続くのでスピードの出し過ぎに注意 2 観光客でにぎわうサウサリートの中心部 3 ゆったりとした時間が流れる

サウサリートの立ち寄りグルメ

ナパバレー・バーガー・カンパニー
Napa Valley Burger Co.

自然の飼料で育てた牛の肉を使ったハンバーガーが人気。ワインの種類も豊富。

▶Map P.87
住670 Bridgeway, Sausalito 電(1-415)332-1454 開毎日11:30〜18:00 休無休
交フェリーターミナルより徒歩約2分 URL www.napavalleyburgercompany.com

ラッパーツ・アイスクリーム
Lappert's Ice Cream

なめらかで濃厚な味わいのアイスクリームはサイクリングで疲れた体にぴったり。

自慢の味を召し上がれ

▶Map P.87
住689 Bridgeway, Sausalito 電(1-415)331-3035 開毎日9:00〜20:00
休無休 交フェリーターミナルより徒歩約2分 URL www.lapperts.com

TO DO LIST

03

IT Future Experience

ツイッターやエアビーアンドビー、ウーバーなど、日本でもおなじみのIT企業の多くが、サンフランシスコに本社を構えている。

驚きのAI技術革命!

世界のITの中心で 未来体験

シリコンバレーの大手ハイテク企業や
スタートアップが集まるSFで、
未来を感じる最先端の技術を体感しよう。

キャッシュレスのコンビニ

アマゾンゴー
Amazon Go

日本でも報道されて話題となった、無人のコンビニエンスストア。サラダやサンドイッチなどにはローカル食材を使用していて新鮮。寿司やアジアンフードも充実している。

▶ Map P.133-C3

住 575 Market St., #150 TEL (1-888)280-4331 営 月~金7:00～21:00、土9:00～19:00 休 日 交 ミュニメトロE、F線Market St. & 2nd St. 下車徒歩約1分 URL www.amazon.com

レジなし
食品小売店

\ Check!! /

イートインスペースも併設
電子レンジや皿、フォークなどが設置されたカフェテリアは、ひとり向けのカウンター席や家族向けのテーブル席があり使い勝手もよい。

1 2020年1月現在、市内に4店舗を展開　2 アプリを立ち上げた端末をタッチして入店　3 健康的なメニューが多い　4 シンプルなレイアウトの店内

未来の店舗で買い物してみよう!

まずはアプリを
ダウンロード

事前にクレジットカード情報などを入力する

／1／
ゲートでアプリの QRをスキャン
アプリが表示するQRコードをゲートにかざす。一緒に20人まで入店OK。

／2／
棚から好きな商品を取る
買い方は棚から取るだけといたってシンプル。いらないと思ったらもとの棚に戻せばいい。

／3／
店外に出る
商品とともにゲートを通り抜ける。出るときはアプリのタッチは不要だ。

／4／
決済完了
すぐに登録していたメールアドレスに領収書が届くので、念のため内容を確認しよう。

新鋭のロボット・バーガー・カフェ
クリエーター　Creator

入口で注文と会計を済ませたら、そこからロボットが調理を始め、約5分でできあがり。パンを焼く段階からチーズをのせるなどの全工程を見られるのも楽しい。

▶ Map P.135-C1

住680 Folsom St. 開水〜金11:00〜14:00 休土〜火 交ミュニメトロ、バートMontgomery駅より徒歩約9分 URLcreator.rest

1 世界初のロボティックバーガー製造機　2 バーガーは$6とリーズナブル　3 注文してから作るので野菜や肉もフレッシュ

ロボットが入れる本格コーヒー
カフェ・エックス
Café X

事前に登録したアプリまたは店内に設置されているiPadから注文すると、ロボットバリスタが目の前でコーヒーを入れてくれる。メニューも豊富で本格的な味わいが好評。

▶ Map P.135-C1

住578 Market St. 電(1-415)295-6021 開月〜金7:00〜18:00、土・日9:00〜17:00 休無休 交ミュニメトロ、バートMontgomery駅より徒歩約1分 URLcafexapp.com

1 手を振って客を楽しませるロボットバリスタ　2 コーヒーの豆から選べるのがうれしい　3 サポートのスタッフも常駐しているので安心　4 市内にはMarket St.店の他に2店

最新技術を気軽に体験
ベータ　B8ta

おしゃれなショールーム型の店内で、最新テクノロジーを駆使したハードウエアを展示・販売。PC周辺機器から家電などすべての商品が実際に試せて興味深い。

▶ Map P.134-A2

住590 Hayes St. 電(1-415)534-5279 開日〜木11:00〜19:00(金・土〜20:00) 休無休 交ミュニメトロE、F線Market St. & Laguna St.駅より徒歩約10分 URLb8ta.com

1 一般の家電量販店では見かけない商品も多い　2 さまざまなジャンルの商品が並ぶ　3 スマートウオッチならぬスマートリング　4 気になるものはどんどん手に取ってみよう

TO DO LIST ☑
04
SOMA

セールスフォース・タワー内は基本的に関係者しか入れないが、不定期で最上階に行けるツアーが開催されている。詳しくはウェブサイトをチェック♪

再開発が進む最旬エリア

新名所がお目見え
SOMA が熱い！

ソーマ地区再開発の大きな目玉として注目されていたセールスフォース・タワーが満を持して完成！ 新名所誕生に活気づく話題のエリアをのぞいてみよう。

真っ先に目指したい

1 SFのランドマーク的スポットへ

2019年7月完成

SFで最も高いビル
セールスフォース・タワー
Salesforce Tower

61階建て、高さ326m。クラウド・コンピューティング・サービスの会社であるセールスフォース・ドットコムの本社だ。

▶Map P.133-C3

住415 Mission St. 交ミュニメトロF線Market & 1st St.下車徒歩約4分 URLwww.salesforcetowerobars.com

交通機関の一大拠点

2018年8月完成

セールスフォース・トランジットセンター
Salesforce Transit Center

ミュニメトロやミュニバスなどベイエリアすべての公共交通機関に加え、全米を網羅するグレイハウンドの発着所としても利用されている。

▶Map P.133-C3

住425 Mission St. 電(1-415)984-8626 開毎日6:00～21:00 交ミュニメトロF線Market & 1st St.下車徒歩約4分 URLsalesforcetransitcenter.com

●近未来な新ターミナル

細長い建物の外側には斬新な装飾が施されている。ランチタイムにはビル横にフードトラックが集結し、周辺のビジネスマンでにぎわう。

ターミナル内の巨大なディスプレイ。スケジュールや広告などが次々に映し出される

●交通機関の一大ハブ

近未来なデザインのターミナル内。高く取られた天井から自然光が降り注ぐ開放的な空間。今後はレストランなども開業し交通ターミナル以上の役割を担う。

市バスや郊外を走るバスもここを拠点とすることで、乗り換えの利便性が格段とよくなった

●ターミナルの屋上は空中庭園

ターミナルの屋上は緑豊かな公園になっており、散策を楽しんだり、芝生やベンチでくつろげる。週末を中心にコンサートなどのイベントも開催。

ガラス張りのロープウェイ！

1 街なかにこんな乗物が！ 2 さまざまな種類の植物が植えられている

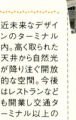

都会の真ん中にいることを忘れてしまう

ソーマ（サウス・オブ・マーケット）
SOMA（South of Market）

ダウンタウンを斜めに横切るマーケットストリート。この通りの南側はサウス・オブ・マーケット South of Marketで、その頭文字を取ってSOMAと呼ばれている。

0 200m

ノブヒル
Nob Hill

Embarcadero

セールスフォース・タワー
セールスフォース・トランジットセンター ❶

Montgomery

Leavenworth St.
Larkin St.
Powell St.

ユニオンスクエア

サンフランシスコ近代美術館（SFMOMA）

コンテナ・ストア ❹

Powell Street

サモバー・ティー ❷

ヤーバ・ブエナ・ガーデン ❸

Market St.

Mission St.
7th St.
6th St.
5th St.
4th St.
3rd St.
2nd St.
1st St.
Fremont

Howard St.
Folsom St.
8th St.
9th St.
10th St.

コントラバント・コーヒー ❺

サンフランシスコカルトレイン駅
San Francisco Caltrain Station

Civic Center

プロジェクト・ジュース ❻

サウス・オブ・マーケット
South of Market

レインボー・グローサリー ❼

ソーマ

SOMAで話題のスポットをCHECK!

2 おいしいお茶でほっとひと息
サモバー・ティー
Samovar Tea

サンフランシスコでは珍しいお茶の専門店で、紅茶や中国茶、緑茶など35種類以上のお茶を、それぞれに合った入れ方で楽しめる。

▶**Map** P.135-C1
住730 Howard St. TEL
(1-415)227-9400 開日～火
9:00～20:00（水～土～
21:30）休無休 交ミュニメトロ、バートPowell 駅より徒歩約8分 URL www.samovartea.com

1 公園に面したテラス席も人気　2 大きな窓から光が差し込む明るい店内

1 高層ビルに囲まれた緑のオアシス　2 多目的ギャラリーや劇場もある

3 都会のオアシス
ヤーバ・ブエナ・ガーデン
Yerba Buena Gardens

コンベンションセンターの上に広がる公園。広々とした芝生エリアでは、地元の人たちが思いおもいの時間を過ごしている。

▶**Map** P.135-C1
住750 Howard St.
TEL (1-415)820-3550
開毎日6:00～22:00 料無料
交 ミュニメトロ、バート
Powell 駅より徒歩約5分
URL www.yerbabuena
gardens.com

4 ポップな日用雑貨がずらり
コンテナ・ストア
Container Store

キッチンツールや文房具、収納小物など日用雑貨を扱う。アメリカらしいパーティ用品やラッピングアイテムがおすすめ。

▶**Map** P.134-B1
住26 4th St. TEL (1-415)777-9755 開月～土10:00～20:00、日12:00～17:00 休無休 交ミュニメトロ、バートPowell St.より徒歩約2分 URL www.containerstore.com

1 ホームセンターのような趣　2 豊富な品揃えで見ているだけでも楽しい
3 カラフルなラッピングアイテム　4 ユニークなアイデア商品も気になる

5 散策中のひと休みに最適
コントラバンド・コーヒー・バー
Contraband Coffee Bar

グアテマラやコロンビアのコーヒー豆農場と直接契約。仕入れた豆をベースに味覚テストを繰り返して完成させたコーヒーを提供している。

▶Map P.135-C2
住260 5th St. TEL(1-415)688-5608 開月〜金6:00〜20:00、土8:00〜20:00(日〜18:00) 休無休 交ミュニメトロ、バートPowell 駅より徒歩約9分 URLwww.contraband.coffee

こだわりの1杯だよ

CAFE

1 赤と黒の看板が目印　2 ローカル感たっぷりでアットホームな雰囲気

DRINK

6 栄養たっぷりの飲むサラダ
プロジェクト・ジュース
Project Juice

注文を受けてから作るオーガニックスムージーがおすすめ。栄養たっぷりのドリンクは、旅行中の野菜不足解消にもよさそう。

▶Map P.134-A2
住1335 Market St. TEL(1-415)335-7203 開月〜水8:00〜18:00(木・金〜15:00)、土・日9:00〜16:00 休無休 交ミュニメトロ、バートCivic Center駅より徒歩約5分 URLwww.projectjuice.com

1 ワッフルやトーストなどの軽食も提供
2 スムージーは$8.95〜10.95

7 環境への意識の高さを感じる
レインボー・グローサリー
Rainbow Grocery

オーガニック志向の人たちの間で有名なスーパー。オイルや塩など基本的にすべて量り売りで、地元の人たちはマイカップを持参している。

▶Map P.134-B3
住1745 Folsom St. TEL(1-415)863-0620 Free(1-877)720-2667 開毎日9:00〜21:00 休サンクスギビング、12/25、1/1(おもな祝日) 交バート16th St. 駅より徒歩約10分 URLwww.rainbow.coop

ゴミが出なくていいよね

1975年から続く老舗！

1 気取らない雰囲気の庶民のマーケット　2 厳選された質のよい食品が並ぶ　3 環境に配慮した量り売りのスタイル　4 SFらしいアイテムはおみやげに最適

TO DO LIST

05
Mission

ミッションエリアはあまり柄のいい場所ではないので夜のひとり歩きは避けたほうがいい。

SFの今を感じる！

ミッションエリア探検

ストリートアートがあふれる街並みに、ハイセンスなショップやカフェが立ち並ぶミッションエリアで、SFのトレンドをチェック！

サブカル感たっぷり♪

＼ミッションってどんなところ？／

ラテン系のルーツと流行の最先端が融合した個性豊かなエリア。1776年建築のミッションドロレス教会にちなんで命名された。

今注目の

SHoP

1

SFらしいジャンルの本が並ぶ
アレー・キャット・ブックス
Alley Cat Books

民族や宗教、LGBT、音楽などディープなカルチャー本がずらり。ローカル作家の棚や、スタッフのおすすめコメントの付いたポップなど、眺めているだけでも楽しい！

▶Map P.137-D2

住3036 24th St. 電(1-415)824-1761 開月〜土10:00〜21:00（日〜20:00）休無休 交バート24th St.駅より徒歩約3分
URL www.alleycatbookshop.com

2

焼きたてピザを召し上がれ
フラワー＋ウォーター・ピッツェリア
Flour + Water Pizzeria

薄めの生地で香ばしく焼き上げるピザが人気。10種類ほどのピザのほかに、前菜やサラダも種類豊富でどれも野菜たっぷり。通りに面したテラス席も気持ちいい。

▶Map P.137-C1

住702 Valencia St. 電(1-415)341-0154 開毎日11:00〜23:00 休無休 交バート16th St.駅より徒歩約16分 URL www.flourandwaterpizzeria.com

1 時間帯によっては列ができることも 2 生地がおいしいピザは$16〜 3 食べ応えのあるケールとキヌアのサラダ$14

テイクアウトもできるよ！

1 奥にはギャラリーも併設している 2 猫が描かれた看板が目印 3 装丁の凝った本も多い

TODO LIST 05

ミッションエリア探検

気になるお店ばかり！

地元の人も大好き♡

ボイジャー ④

クラリオン・アレー・ストリート・アート
Clarion Alley Street Art

ダンデライオン・チョコレート・ファクトリー ⑤

バイライト・マーケット ③

フラワー＋ウォーター・ピッツエリア ②

タルティーン・マニュファクトリー ⑥

ミッションドロレス・パーク
Mission Dolores Park

アレー・キャット・ブックス ①

14th St.
15th St.
16th St.
16th St./Mission St.
17th St.
18th St.
19th St.
20th St.
21st St.
22nd St.
23rd St.
24th St.
24th St./Mission St.
25th St.

Valencia

Check!!

3 地元の食通御用達
バイライト・マーケット
Bi-Rite Market

地元の食材や質のいい調味料などを揃えるハイエンドなスーパーマーケット。自社のキッチンで作った総菜や焼き菓子、アイスクリームなども評判がいい。

▶Map P.137-C1

住3639 18th St. 電(1-415)241-9760 開毎日8:00～21:00 休無休 交バート16th St. 駅より徒歩約10分 URL birtemarket.com

チーズや肉の品揃えは専門店にも負けません！

1 レトロな看板と鮮やかな花々が客を出迎える 2 地元の人がひっきりなしに出入りする

BI-RITE

芝生が美しい憩いの公園
都会のオアシスに行こう

ミッションドロレス・パーク
Mission Dolores Park

地元の人たちの憩いの場。公園内は高低差があり、南側からはサンフランシスコの街並みが一望できる。近くのショップでパンやコーヒーをテイクアウトして、ピクニック気分でランチを楽しむのもいい。

▶Map P.137-C1

住19th St. & Dolores St. 電(1-415)831-2700 開毎日6:00～22:00 交ミュニメトロ18th St. Church St. 駅下車すぐ URL sfrecpark.org/destination/mission-dolores-park

地元の人たちの休日の過ごし方がわかる

San Francisco 25

4
絶妙な力の抜け具合がSFらしい
ボイジャー
Voyager

サンフランシスコやカリフォルニアのデザイナーが手がける、洋服やバッグ、アクセサリーなどを扱うセレクトショップ。シンプルながらもディテールにセンスが光るアイテムばかり。

▶Map P.137-C1

住365 Valencia St. ☎(1-415)795-1748 開毎日11:00～19:00 休無休 交バート16th St. 駅より徒歩約6分 URL www.thevoyagershop.com

1 メンズアイテムもある　2 月によってディスプレイのテーマが変わる　3 おっぱいモチーフのユーモアあふれるTシャツ$88　4 地元デザイナーによるアクセサリー$100～　5 柔らかなフォルムがかわいいレザーのリュック$365

5
Bean to Barの先駆け
ダンデライオン・チョコレート・ファクトリー
Dandelion Chocolate Factory

2019年春にオープンした工場併設のチョコレート専門店。カフェスペースでさまざまなチョコレートを味わえるほか、チョコレートサロンではハイティー$45も楽しめる。

▶Map P.137-D1

住2600 16th St. ☎(1-415)349-0942 開毎日8:00～20:00(モーニング火～日8:00～13:00、チョコレートデザートサロン火～金13:00～17:00、アフタヌーンティー土・日13:00～17:00) 休無休 交バート16th St. 駅より徒歩約8分 URL www.dandelionchocolate.com

1 赤れんがの巨大な建物が目を引く　2 不定期で工場ツアーも開催している　3 洗練されたインテリアのチョコレートサロン　4 カカオの産地やパーセンテージが異なる板チョコも販売

食器や盛りつけもすてきで目にも楽しい!

6
焼きたてパンが自慢
タルティーン・マニュファクトリー
Tartine Manufactory

SFで一番人気のベーカリーが手がけるおしゃれなカフェ。サンフランシスコ名物の酸味の強いサワードゥで長時間発酵させて作る「Country Bread」が看板商品。

▶Map P.137-D1

住595 Alabama St. ☎(1-415)757-0007 開木～火8:00～22:00、水9:00～16:00(モーニング8:00～11:00、ランチ11:00～17:00、ディナー17:00～22:00。ディナーのみ予約可) 休無休 交バート16th St. 駅より徒歩約13分 URL www.tartinebakery.com

1 店内の工房で次々と焼き上げられるパンは種類も豊富　2 ヒース・セラミックス(→P.59)のショールームを併設　3 天井が高く開放的な店内　4 イチジクのオープンサンド$17

絶好のインスタスポット

クラリオン・アレー・ストリート・アート

Clarion Alley Street Art

ミッション

細い路地にアーティストや学生たちによってぎっしりと描かれたアートが圧巻。観光客も多く、週末ともなると撮影目当ての若者でにぎわう。作品は時期によって描き変えられるのだそう。

クラリオン・アレー・ミューラル・プロジェクト
Clarion Alley Mural Project

▶ Map P.137-D1

住 90 Clarion Alley 交 バート16th St. 駅より徒歩約3分
URL clarionalleymuralproject.org

1 アートに影がかからない時間帯を狙おう 2 個性的なアートがたくさん 3 ポーズや構図を工夫しておしゃれに撮影しよう

\ 注目! /
SFストリートアート・スポット
SFの街はアートだらけだけれど、特に見応えのあるエリアをご紹介!

まるで街中がキャンパス

ヘイト&アシュベリー

エリアを象徴するヒップなアート

ヘイトストリート

Haight Street

サンフランシスコ随一のヒップエリアであるヘイト&アシュベリーもクールなアートや建物が多い。エリア内に点在しているので少し探しづらいが、目線を上げて散策すれば見つけられるはず。

▶ Map P.130-B2

交 ミュニバス6、7番Haight St. & Masonic Ave.下車すぐ

通り沿いばかりでなく建物の上のほうにもアートが

壁画のアート
ウォーキングツアー

\ これにも参加したい! /

ストリートアートは奥まった場所にある場合も多く自力で見つけるのは少し難しいが、ミッションエリアでは地元のガイドがストリートアートを案内するツアーが催されており、効率的に回りながら各アートにまつわるエピソードも聞ける。Classic Mural Tourは土・日曜の13:00からで所要2時間15分。ほかにHistory Mural Tourもある。いずれもHPから事前予約。

プレシタアイズ・ミューラル・アーツ&ビジターズ・センター
Precita Eyes Mural Arts & Visitors Center

住 2981 24th St., bet Harrison & Alabama Sts. 電 (415)285-2287
交 バート24th St. 駅より徒歩約8分 URL www.precitaeyes.org

1 ミッションエリアを愛するガイドが案内してくれる 2 見つけづらいアートも教えてもらえる

ヘルスコンシャスな街のシンボル

オーガニックフードの パラダイスへ

サンフランシスコは世界屈指のオーガニック先進エリア。
毎週開催されるファーマーズマーケットには
地元の生産者による新鮮な食材や食品が大集合！

ファーマーズマーケットは午後になると品薄になることも。早起きして出かけよう。

オススメ
屋外

火・木・土 開催

Farmer's Market

こだわりいっぱい

注目度No.1の オーガニックマルシェ

毎週3回開催されるが、訪れるなら
最も盛り上がる土曜がおすすめ。

人気アイテムはコレ！

VEGETABLES & FRUITS

たくさんテイス
ティングして
いってね

HANDMADE DIP SAUCE

フェリープラザ・ ファーマーズマーケット
Ferry Plaza Farmer's Market

フェリービルディング周辺に、青果やパン、調
味料などさまざまなブースが軒を連ねる。

▶Map P.133-C・D3

住1 Ferry Bldg. 電(1-415)291-3276 開火・木10:00〜
14:00(土8:00〜) 休月・水・金・日 交ミュニメトロ、バート
Embarcadero駅より徒歩約5分 URL www.cuesa.org

リンゴジュース
やリンゴ酢が
人気です

APPLE DRINK

1 見るからにおいしそうな完熟トマ
トが山盛り！ 2 豆や野菜の素材
を生かした手作りディップ 3 リン
ゴで作ったフレッシュな味わいの
ドリンク 4 香りのよいラベンダー
商品が人気 5 日本人による麹
の調味料はすべて手作り

LAVENDER PRODUCTS

KOJI PRODUCTS

SFのオーガニック
トレンドもチェック
していってね！

手作りの味噌や塩
麹は地元の人にも
好まれています

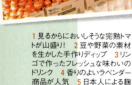

Market Place

毎日オープン

屋内

Oyster

海に面したテラス席もおすすめ

行列必至の有名店
ホッグ・アイランド・オイスター・カンパニー
Hog Island Oyster Company

新鮮なカキが食べられると地元の人にも評判の店。クラムチャウダーも人気だ。

▶ Map P.133-C3

TEL (1-415)391-7117 開毎日11:00〜21:00
休無休 URL hogislandoysters.com

選ばれし
ショップが集結

地産地消とオーガニックをテーマにしたショップやレストラン、カフェがずらり！

種類豊富なチーズ専門店
カウガール・クリーマリー
Cowgirl Creamery

地元産のものを中心にさまざまなチーズを揃える。イートインカウンターも併設。

▶ Map P.133-C3

TEL (1-415)362-9354 開月〜金
10:00〜19:00(日〜17:00)、土8:00
〜18:00 休無休 URL www.cowgirl
creamery.com

フェリービルディング・マーケットプレイス
Ferry Building Marketplace

フェリーの発着ターミナルでもある建物の中にあるマーケットは、おみやげ探しにも最適。

▶ Map P.133-C・D3

住1 Ferry Bldg. TEL (1-415)983-8030 開月〜金10:00
〜19:00、土8:00〜18:00、日11:00〜17:00(店舗により異なる) 休サンクスギビング、12/25、1/1 交ミュニメトロ、バートEmbarcadero駅より徒歩約5分 URL www.ferry
buildingmarketplace.com

Cheese

チーズ好き集まれ！

1 テイスティングもできる
2 オリジナルのチーズやチーズナイフはおみやげにぴったり

ココもおすすめ！

Bakery

ヴィヴェ・ラ・タルト
Vive La Tarte

クロワッサンとタコスが合体した新感覚フード「タクロ」$10は必食。

▶ Map P.133-C3

TEL (1-415)634-5444 開火〜土8:00〜17:00 休月・日、サンクスギビング、12/25、1/1 URL www.vivelat.com

Ice Cream

ハンフリー・スロコム・アイスクリーム
Humphry Slocombe Ice Cream

ベーコンやハラペーニョなど珍しいフレーバーが話題のアイスクリーム店。

▶ Map P.133-C3

TEL (1-415)550-6971 開11:00〜21:30(土8:00〜、日10:00〜) 休無休
URL www.humphryslocombe.com

Mushroom

ファー・ウエスト・フンギ
Far West Fungi

生のキノコやキノコの風味を生かした調味料などが並ぶキノコ専門店。

▶ Map P.133-C3

TEL (1-415)989-9090 開月〜金9:00〜19:00(日〜17:00)、土8:00〜18:00 休
無休 URL www.farwestfungi.com

ゴッツ・ロードサイド
Gott's Roadside

ナパ発祥のバーガー店。肉にそっくりなフェイクミートバーガーをぜひ。

▶ Map P.133-C3

TEL (1-415)318-3423 開毎日10:00〜22:00(ソフトクリームの販売は11:00〜19:00) 休無休 URL www.gotts.com

Hamburger

★★★★★

レインボーフラッグが鮮やかにはためく

カストロストリート
Castro Street

アメリカ最大級のLGBTコミュニティエリアで、これまで多くのLGBT関連の政治運動やイベントなどの舞台となった場所。

1 カストロ・シアターが街のシンボル　2 レインボーフラッグが街のあちこちではためいている　3 横断歩道やATMもレインボー

個性が息づく

注目を集める人気のストリートを
ディープなカルチャーを肌で感じ

フローレ ③
Market St. & Noe St.
16th St.
17th St. & Noe St.
Castro　17th St. & Castro St.
17th St.　カストロ・シアター
Castro Theatre
18th St.
② クリフズ・バラエティ
カストロ・ファウンテン ①
19th St.

レトロな雰囲気のおしゃれな店構え

1 カストロ・ファウンテン
The Castro Fountain

手作りのカスタムソーダで有名なスイーツショップ。濃厚な味わいのアイスクリームも人気。遅くまで開いており夜も多くの人でにぎわっている。

▶ Map P.131-C3

住554 Castro St. 電(1-415)834-5457 開月・水・木・日12:00〜22:00(金・土〜23:00) 休火 交ミュニメトロCastro駅より徒歩約4分 URL www.thecastrofountain.com

これは見たい！
フォトジェニックなカストロ・シアター
\Check!/
100年以上の歴史をもつ劇場は、バロック様式の外観やレトロなチケットブースなど見応えがある。

カストロ・シアター
Castro Theatre
▶ Map P.131-C3

住429 Castro St. 電(1-415)621-6120 開演時により異なる 休ミュニメトロ Castro駅より徒歩約1分 URL castrotheatre.com

2 クリフズ・バラエティ
Cliff's Variety

パーティグッズや日用品などがところ狭しと並ぶ。レインボーフラッグなどカストロストリートらしいみやげもある。

▶ Map P.131-C3

住479 Castro St. 電(1-415)212-8400 開10:00〜20:00(日〜18:00) 休無休 交ミュニメトロCastro駅より徒歩約2分 URL www. cliffsvariety.com

3 フローレ　Flore

緑あふれるオープンテラスの席が気持ちいいカフェ。ハンバーガーやホットパイなど軽食が充実している。

▶ Map P.137-C1

住2298 Market St. 電(1-415)621-8579 開月〜木7:30〜21:00(金・土〜22:00) 休無休 交ミュニメトロCastro駅より徒歩約4分 URL flore415.com

---

1 ホームセンターのような店　2 パーティで活躍しそうな仮面　3 レインボーフラッグはここで買うことに意味がある

1 道行く人を眺めながらゆったりとした時間が過ごせる　2 人気の自家製ホットパイ $9

★★★★★
個性際立つヒッピーの街
ヘイトストリート
Haight Street

1960年代のカウンターカルチャー・ムーブメント発祥の地として知られるヒッピーの聖地。古着屋やレコード店など他にない店が多い。

パワーあふれるマストスポット!

1 ヘイトストリートゆかりの有名ミュージシャンのアイテムも多い 2 街にはカラフルなアートがあふれている 3 ディスプレイも個性的

人気ストリート巡り

歩いて、サンフランシスコに根付こう。

1 アメーバ・ミュージック
Amoeba Music

音楽好きの間では有名な巨大レコードショップ。店内にはロックやジャズなどさまざまなジャンルのレコードやCDがずらり。

▶Map P.130-B2
住1855 Haight St. 電(1-415)831-1200 営毎日11:00～20:00 休無休 交ミュニメトロCole & Carl St. 駅より徒歩5分 URLwww.amoeba.com

驚くほど高価なレア音源もある

3 ラブ・オン・ヘイト
Love on Haight

ヒッピー文化を象徴するサイケデリックな柄の服が揃う。メンズ、レディス、キッズのサイズ展開があるTシャツが人気。

▶Map P.130-B2
住1400 Haight St. 電(1-415)817-1027 営月～木11:00～19:30（金～日～20:00） 休無休 交ミュニメトロCole & Carl St. 駅より徒歩約6分 URLloveonhaightsf.com

2 ウェイストランド
Wasteland

ロコいち押しの古着屋。メンズ、レディスどちらも充実しており、Tシャツからジャケット、シューズ、小物などバラエティも豊か。

▶Map P.130-B2
住1660 Haight St. 電(1-415)863-3150 営月～土11:00～20:00（日～19:00） 休無休 交ミュニメトロCole & Carl St. 駅より徒歩約6分 URLwww.shopwasteland.com

1 質のよい古着が揃う
2 掘り出し物を見つけよう

ヒッピーは自由の象徴よ♪

派手な外観が目を引くヘイトストリートを代表する店

ベネフィットではメイクアップサービス（有料）もあるので、SFのトレンドメイクを施してもらおう。

BOOM BOOM ROOM

1 高級感あふれる落ち着いた街並み　2 ジャズにちなんだウオールアートも目を引く　3 おしゃれなカフェも多い

★★★★★

ハイセンスな雰囲気バツグン

フィルモアストリート

Fillmore Street

ジャズの街として栄えてきたエリアで、現在はおしゃれなインテリアショップや雑貨屋、レストラン、カフェが建ち並んでいる。

Sacramento St.
ベネフィット 2
California St.
1 グローブ
Steiner St.
Pine St.
Wilmot St.
Buchanan St.
Bush St.
Fillmore St.
Webster St.
Sutter St.
ジャパン・タウン
Post St.
紀伊國屋ビル
Geary Blvd.
ステート・バード・プロビジョンズ 3
The Fillmore

1 グローブ The Grove

フィルモアストリート内でひときわにぎわうブランチスポット。フレンチトーストやエッグベネディクトなど、何を食べてもおいしいと評判。

Map P.136-A2

住2016 Fillmore St. TEL(1-415)474-1419 開日～火8:00～21:00(水～土～22:00) 休無休 交紀伊國屋ビルより徒歩約7分 URL thegrovesf.com

1 木を多用したナチュラルな雰囲気の店内　2 テラス席もおすすめ

3 ステート・バード・プロビジョンズ State Bird Provisions

地元のベストレストランとして選ばれる創作料理の人気店。予約が取りづらいが、タイミングがよければウオークインも可能。

Map P.136-B3

住1529 Fillmore St. TEL(1-415)795-1272 開日～木17:30～22:00(金・土～23:00) 休無休 交紀伊國屋ビルより徒歩約5分 URL statebirdsf.com

1 スタイリッシュなインテリア　2 ハーブやスパイスを上手に取り入れた独創的な料理

BADGALS finish FIRST
Take a bow! WHISTLE WORK IT!
benefit

2 ベネフィット Benefit

ビューティアワードで毎年数々の賞を受賞する、SF発のコスメメーカー。おしゃれなパッケージが乙女心をくすぐる。

Map P.136-A2

住2117 Fillmore St. TEL(1-415)567-0242 開月～金9:00～19:00(土～18:30)、日10:00～18:00 休無休 交紀伊國屋ビルより徒歩約9分 URL www.benefitboutiques.com

優秀コスメで女子力アップ！

GALIFORNIA
Gold Rush

1 店内にはテスターも多いのでいろいろ試してみて　2 発色のよいチーク　3 マスカラが人気で種類も豊富

\Check!/

これは見たい！

歴史的なライブハウス

ドアーズやジミヘンドリックスなどの名だたるアーティストがライブをした場所として知られる。

フィルモア Fillmore Map P.136-B2

住1805 Geary Blvd TEL(1-415)346-6000 開演目により異なる 交紀伊國屋ビルより徒歩約1分 URL thefillmore.com

1

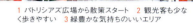

2

1 パトリシアズ広場から散策スタート　2 観光客も少なく歩きやすい　3 緑豊かな気持ちのいいエリア

気になるお店がいっぱい！

★ ★ ★ ★ ★
ローカルコミュニティが根付く

ヘイズストリート
Hayes Street

最新鋭のアパレルブランドや、センスのいいセレクトショップ、話題の専門店など、若者の注目を集めるショップがずらりと並ぶ。

1 種類豊富なパンがずらり　2 水色の外観がかわいい　3 野菜たっぷりのサラダや自家製スープにはパンが添えられている

3

1 ラ・ブランジェリー
2 オールバーズ
3 スミッテン・アイスクリーム

SF JAZZ

ミュニメトロ
Van Ness駅へ→

1

2

ラ・ブランジェリー
La Boulangerie

焼きたてパンとサラダやスープなどのヘルシーなメニューが充実したカフェ。窓際の席で行き交う人を眺めながら取る食事も楽しい。

▶ Map P.134-A2

住 500 Hayes St. TEL (1-415)400-4451 開 毎日6:30〜18:00 休 無休 交 ミュニメトロ Van Ness駅より徒歩約10分 URL www.laboulangeriesf.com

2 オールバーズ
Allbirds

洗練されたデザインに加え、歩きやすさや履き心地のよさ、丸洗いできるなどの機能性が高いシューズが人気のブランドの旗艦店。

▶ Map P.134-A2

住 425 Hayes St. TEL (1-415)802-2800 開 毎日11:00〜19:00 休 無休 交 ミュニメトロ Van Ness駅より徒歩約8分 URL www.allbirds.com

1

1 コーディネートしやすいシンプルなデザインも魅力　2 さまざまなサイズやデザインが揃う

WOOL

2

1

2

1 倉庫のような店構えがおしゃれ　2 シングルでもボリューム満点

限定アイスも要チェック

3 スミッテン・アイスクリーム
Smitten Ice Cream

注文を受けてから作るオーガニックアイスが人気。クラシックバニラやチョコチップなど、どれも素材の味を生かした優しい味わい。

▶ Map P.134-A2

住 432 Octavia St. TEL (1-415)863-1518 開 月〜木12:00〜22:00（金〜23:00）、土11:00〜23:00 休 無休 交 ミュニメトロVan Ness駅より徒歩約8分 URL www.smittenicecream.com

正統派 から話題の

見逃せない

ひとりで静かに鑑賞するもよし、仲間
個性的なSFのミュー

Classic
正統派

TODO LIST
08
Museum

鑑賞前にCheck!
SFMOMAのアプリは、館内や作品について日本語で案内してくれる優れもの。事前にダウンロードしておこう。

便利なアプリを
ダウンロード

\ 近現代アートの宝庫! /

開放的なエントランスにも
大きなアートが

1 ウォーホルをはじめ現代美術の巨匠たちの作品が並ぶ 2 アート好きならぜひ訪れたいスポットだ

サンフランシスコ近代美術館

San Francisco Museum of Modern Art (SFMOMA)

収蔵品数3万3000点を超えるなど、ニューヨークの近代美術館に勝るとも劣らない充実度。れんが色の建物にスライスした円柱がのった個性的な建物は、スイス人建築家マリオ・ボッタによるもの。

▶ **Map** P.135-C1

住151 3rd St. 電(1-415)357-4000 開金～火10:00～17:00(木～21:00) 休水、サンクスギビング、12/25 料大人$25、シニア(65歳以上)$22、19～24歳$19、18歳以下無料 交ミュニメトロ、バートMontgomery駅より徒歩約6分 URLwww.sfmoma.org

ユニオンスクエアから歩ける距離にあり立地もよい

ここでひと休み
\ Check!! /

カフェとしての利用にも最適

庭に面した明るい雰囲気の店内は家族連れも多い。創作カリフォルニア料理が楽しめる。

5F スタイリッシュなレストラン
カフェ5 Café 5
電(1-415)615-0515 開金～火10:00～16:30(木～20:00) 休水

ここもCHECK!

1F 遊び心のあるグッズがたくさん
ミュージアムストア Museum Store
電(1-415)357-4000 開金～火10:00～18:00(水～17:00、木～21:30) 休無休 URLmuseumstore.sfmoma.org

オリジナルグッズはおみやげに最適

体験型 まで

ミュージアム //

とわいわいアートにまみれるもよし、
ジアムで感性を磨こう。

鑑賞前にCheck!
広い館内には展示物
も多く見応えがあるの
で、見学には少なくとも
2～3時間は取っておき
たいところ。

つまようじで作
られたサンフラ
ンシスコの街

Activity
体験型

1 650もの展示物があり興
味深いものばかり 2子供
だけでなく大人も夢中に
なれる 3写真映えする展
示も多い

＼五感を使うサイエンス博物館／

エクスプロラトリウム

Exploratorium

実際に手に触れ、科学につ
いて知り、考える力を養ってほしい
という願いが込められた体験型
の科学博物館。ユニークかつ
凝った展示が多いので、子供は
もちろん大人も十分楽しめる。

風を吹き込み雲を作る
人気の展示

▶Map P.133-C2
住Pier 15 TEL(1-415)528-4444 開火～日10:00～17:00、木18:00～22:00
は18歳以上のみ入場可 休月 料大人(18～64歳)$29.95、シニア(65
歳以上)・学生(13～17歳)$
24.95、4～12歳$19.95、3歳
以下無料。木18:00以降は
$19.95 交ユニメトロ、バー
トEmbarcadero駅より徒歩約
10分 URL www.exploratorium
.edu

Don't miss it!

木曜夜のお楽しみイベント

After dark

エクスプロラトリウムでは毎
週木曜のみナイトミュージ
アムを開催。18歳以上を
対象にした大人のイベント
で、幻想的にライトアップし
た館内で、クラフトビールや
カクテル片手に科学やア
ートに触れられる。

開木18:00～22:00(18歳以上の
み入場可)料$19.95

毎回異なるテーマの特別展示が
楽しめる

海岸沿いの観光に便利
なロケーション

デ・ヤング美術館9階の展望塔からは周辺を一望できる。

Classic 正統派

見逃せない
ミュージアム

こんなスポットも!?

ひと味違うミュージアムの魅力を発見しちゃおう!

見どころたっぷりの大型美術館

デ・ヤング美術館
De Young Museum

必見!
3階のアメリカ美術のコーナーは必見!

1 1日中楽しめる充実の展示内容
2 ユニークな建物も一見の価値あり

サンフランシスコで最も歴史のある美術館。アメリカやアジア、アフリカなど世界中から集められた現代美術品2万7000点以上が所蔵されている。

▶ Map P.130-B2

🏠50 Hagiwara Tea Garden Dr. ☎(1-415)750-3600 開火~日9:30~17:15 休月、サンクスギビング、12/25 料大人$15、シニア(65歳以上)$12、学生$6、17歳以下無料(特別展は要追加料金) 交ミュニメトロ9th Ave & Irving St.駅より徒歩約12分 URL deyoung.famsf.org

おみやげ探しが楽しい
ミュージアムショップ
Museum Shop

美術館の建物をモチーフにしたオリジナルグッズや、ユーモアあふれるミュージアムグッズ、アクセサリー、アートブック、絵本などが豊富に揃う。

☎(1-415)750-2613 開火~日9:30~16:15 休月

1 ピカソやフリーダ・カーロ、ダリをモチーフにしたマグカップ各$29
2 センスのよいアイテムばかり

アジアのディープな文化に触れる

アジア美術館
Asian Art Museum

必見!
無料ガイドツアーの日時はHPでチェック!

西アジアから東の日本までアジア広域から集めた美術品を所蔵する全米最大級のアジア美術館。各エリアの風土や宗教、文化が反映されたものが多く興味深い。

1 歴史の流れに沿ったわかりやすい展示 2 旧市立図書館を改築した歴史的な建物

▶ Map P.134-A2

🏠200 Larkin St. ☎(1-415)581-3500 開火~日10:00~17:00(2月中旬~8月の木~21:00) 休月、サンクスギビング、12/25、1/1 料大人$15、シニア(65歳以上)・13~17歳$10、12歳以下無料。木曜17:00~21:00は$10(特別展は要追加料金) 交バートCivic Center駅より徒歩約4分 URL www.asianart.org

気軽なアジアンカフェ
サンデイ
Sunday

麺料理やココナッツカレーなどのアジアンフード、サンドイッチなどの軽食のほか、中国茶やタピオカミルクティーもあるので、散策のひと休みにぴったり。

開火~日10:00~16:00 休月

日本人好みのメニューが多いのがうれしい

アートをただ見るだけじゃもったいない！
個性豊かなショップやカフェもぜひのぞいてみて。

インスタ映え必至のカラフル空間

アイスクリーム・ミュージアム
Museum of Ice Cream

必見！
撮影がメインなのでポップな服装で行くと◎

1 カラースプレーのプールで大はしゃぎ　2 おいしいアイスがもらえるのもうれしい

アイスクリームをコンセプトにしたミュージアム。館内はテーマ別の10の部屋に分かれており、どこもポップでカラフルなインテリア。中ではアイスクリームや綿菓子も提供される。

▶ Map　P.135-C1

住1 Grant Ave.　開月・水・金 12:30～18:00(木～18:30)、土 9:3G～20:45(日～20:00)(事前予約が必要)　休火　料1人$38 交ユニオンスクエアより徒歩約6分　URLwww.museumoficecream. com

ここもCHECK!

キュートなグッズがずらり
ミュージアムショップ
Museum Shop

1階はショップになっており、アイスクリームやアイスをモチーフにしたオリジナルグッズを販売。こちらは予約なしでも利用可能だ。

1 どこもかしこもピンクのユニークな空間　2 乙女心をくすぐるアイテムがたくさん

大絶叫してストレス発散！

ピア39 7Dエクスペリエンス
Pier39 7D Experience

必見！
本気で挑むなら動きやすい服装がベター

ジェットコースターと対戦ゲームを融合したもので、ゾンビや狼男、エイリアンと戦うプログラムはスリル満点だ。交差するレーザービームを通り抜けるレーザーチャレンジも人気。

1 日本未上陸の最先端のアトラクション　2 映画で見たことのある憧れのシチュエーション

▶ Map　P.132-B1

住Beach St. & The Embarcadero 電(1-415)658-7372　開毎日10:00 ～21:30　休無休　料初回1人$13 交ミニメトロF線Pire39駅より徒歩約1分　URLwww.theflyer-sanfranc sco.com/7d-experience/

＼先にゲットしよう！／

Pier39のお得な割引パス
「Passport To Savings」

ピア39のショップやレストラン、アトラクションで使用可能。www.pier39. comからダウンロードしたクーポンを下記ウエルカムセンターで割引パスに交換してもらう。

カリフォルニア・ウエルカムセンター
California Welcome Center

住Pier 39 Bldg B, Level 2 電(1-415) 981-1280　開毎日9:00～20:00　休無休 URLwww.pier39.com/merchant/californ hia-welcome-center

7Dエクスペリエンスでも割引特典が受けられる

ベイエリアをリードする文化都市

学生気分で バークレーの街を歩く

全米最高水準の公立大学を中心とした学園都市。
さまざまな文化やトレンドの発信地であり、
学生街の雰囲気は旅行者にも心地よい。

カリフォルニア大学（University of California）の10のキャンパスのうち、バークレー校は最も古く1868年に設立された

バークレーへの アクセス

バートで約30分
BARTのPowell駅からダウンタウンバークレー駅までダイレクトにアクセスできる。

バークレー★
サンフランシスコ

TO DO LIST
09
Berkeley

街の中心にあるのは UCBのキャンパス

市の人口約12万に対して学生数は約4万3000。
まさに大学を中心に回っている街だ。住人は
学校関係者のほか、作家やアーティストも多い。

全米トップレベルの公立大学

カリフォルニア大学 バークレー校

University of California, Berkeley (UCB)

300以上の学部と研究機関を擁し、卒業生や関係者を含めて輩出したノーベル賞受賞者は100人以上。UCLAなどと同じカリフォルニア大学のひとつで、全米最高水準の大学として常に各種ランキングでトップレベルの評価を受けている。

▶ Map P.138-B1

住110 Sproul Hall, Berkeley TEL（1-510）642-6000 交バートDowntown Berkeley駅より徒歩約13分 URL www.berkeley.edu

1 大学のシンボルのひとつであるセイザーゲート　2 街なかはいつも学生であふれている

まずは 行ってみたい！
UCB構内へ

学生気分でバークレーの街を歩く

UCバークレー美術館
UC Berkeley Art Museum ▶Map P.138-B1

約1万9000点の美術品を収蔵する大学付属美術館。広い敷地を生かしたユニークな展示が見もの。併設の映画館で名作映画の上映がある。

住2155 Center St., Berkeley 電(1-510)642-0808 開水〜日11:00〜19:00 休月・火 料大人$13、シニア(65歳以上)・学生$11、18歳以下、UCバークレーの学生無料。第1木曜は入場無料 交バートDowntown Berkeley駅より徒歩約3分 URLbampfa.org

映画やビデオのコレクションも有名で日本の作品の充実度は全米有数

セイザーゲート
Sather Gate

カリフォルニア大学の前身、カリフォルニアカレッジの理事であったペダー・セイザーPeder Satherをたたえ、末亡人より寄付された。

キャンパス内の無料巡回バス

セイザータワー
Sather Tower

ゲート同様に寄付されたもので、高さは約93メートルの時計塔。タワーの上に上ることができ(有料)、すばらしい眺めが楽しめる。

▶Map P.138-B1

開月〜金10:00〜15:45(土・日16:45、土・日13:30、15:00〜16:45) 休無休 料大人$4、シニア(65歳以上)・18歳未満$3

地図ラベル
Oxford St. / Arch St. / Hearst Ave. / 北門 / University Ave. / Center St. / Shattuck Ave. / 中央図書館 / ★セイザータワー / ★セイザーゲート / カル・スチューデント・ストア★ / UCバークレー美術館 / Downtown Berkeley / Bancroft way / Telegraph Ave. / Gayley Rd. / ローレンス・ホール・オブ・サイエンス / UC植物園へ / カリフォルニア・記念スタジアム / 0 200m

1 時を知らせる鐘が大小合わせて61もある
2 タワーの上から眺めるキャンパス

カル・スチューデント・ストア
Cal Student Store ▶Map P.138-B1

大学のロゴ入りのTシャツやパーカー、ステーショナリーなどのオリジナルグッズはおみやげに人気。充実した書籍類に目を見張る。

住2495 Bancroft Way, Berkeley 電(1-510)229-4703 開月〜金9:00〜18:00(土10:00〜)、日11:00〜17:00 休無休 交バートDowntown Berkeley駅より徒歩約14分 URLcalstudentstore.berkeley.edu

1 ロゴ入りのスタジャン($344.99)とスマホケース($19.99) 2 場所はセイザーゲートの近く

敷地内には博物館やガーデンも

ローレンス・ホール・オブ・サイエンス　Lawrence Hall of Science `Check!!`

キャンパスの東の外れにある科学博物館。単に展示を見るだけでなく、実験などを楽しめる体験型ミュージアム。プラネタリウムを併設。

▶Map P.39

住1 Centennial Dr., Berkeley 電(1-510)642-5132 開水〜日10:00〜17:00 休月、おもな祝日 料大人$16、シニア(62歳以上)・子供(3〜18歳)$12、3歳以下無料。3D映画とプラネタリウムは別途料金($4)必要 交平日はUCBのHearst Mining CircleからベアトランジットHのバスで、またはバートDowntown Berkeley駅よりACトランジット65番のバスでLawrence Hall of Science下車すぐ URLwww.lawrencehallofscience.org

UC植物園　UC Botanical Garden

9つのエリアで、約1万7000種の植物を生育している。高台にあって遠くサンフランシスコやゴールデン・ゲート・ブリッジが望める。

▶Map P.39域外

住200 Centennial Dr., Berkeley 電(1-510)643-2755 開毎日9:00〜17:00 休第1火、おもな祝日 料大人$12、シニア(65歳以上)$10、7〜17歳$7、6歳以下無料。第1木曜は入場無料 交平日はバートDowntown Berkeley駅からキャンパス内を走るシャトルに乗りHearst Mining CircleでベアトランジットHのバスに乗り換えUC Botanical Garden下車すぐ URLbotanicalgarden.berkeley.edu

1 地産地消のレストラン、シェ・パニース　2 キノコのパスタ　3 超人気店なので予約は必須　4 地元アーティストの作品が並ぶ

人々の暮らしが感じられる通り
シャタックアベニュー
— Shattuck Avenue —

キャンパスの西側を南北に走る通りで、スーパーや花屋、カフェなどが並び、バークレーに暮らす人々の生活を感じる通り。カリフォルニア料理発祥の店といわれるシェ・パニース①もここにある。

▶Map P.138-B1

🚃 バートDowntown Berkeley駅より北に徒歩約2～25分

まだある！　おすすめショップリスト
● Cheese Board Pizza（イタリアン）
● Epicurious Garden（フードコート）
● Acci Gallery（ギャラリー）

かつては工場・倉庫街
フォースストリート
— 4th Street —

ひと昔前まではさびしい場所だったが、今や流行の発信地で人気のショッピングスポットに変身。ネットショップ、アマゾンの人気商品を扱った店②やしゃれた園芸用品店③が人気。

▶Map P.138-A1

🚃 University Ave.を走るACトランジットの51B番に乗り6th St.下車徒歩約7分（料金$2.35、クリッパー使用時$2.25）　URL www.fourthstreet.com

まだある！　おすすめショップリスト
● Bette's Oceanview Diner（カフェ）
● North Face Outlet（アウトドア用品）
● Sur La Table（インテリア）

1 通り沿いにはレストランやカフェも多い　2 園芸用品店ガーディナー③は、センスのいいインテリアや食器もある

アマゾンで高評価を受けた商品を販売するアマゾン・フォースター②

ナイスSHOPがズラリ！
バークレーの注目ストリートへ
GO!

それぞれキャラクターの異なるバークレーの個性的な通りをのんびり歩いてみよう

いちばん学生街を感じる
テレグラフアベニュー
— Telegraph Avenue —

キャンパスを起点に南北に延びる。新旧が混沌として、かつエネルギッシュな独特の雰囲気。約5ブロックの間に名物書店④、CDショップ⑤、古着屋、アクセサリーの露店などが並ぶ。

▶Map P.138-B1

🚃 バートDowntown Berkeley駅より南東に徒歩約15～20分

1 名物書店モエズ・ブックス④　2 どこのカフェも学生でいっぱい　3 アメーバ・ミュージック⑤の店内。音楽好きにはたまらない膨大なCDやレコードのコレクション　4 店のサインボード

まだある！　おすすめショップリスト
● Bear Basics（古着）
● Sheng Kee Bakery（パン）
● Tea One（タピオカティー）

ひと足
延ばして

自由な空気が漂う
古きよき **オークランド** へ

バークレーのすぐ南に隣接した人口42万を
超えるベイエリアの主要都市のひとつ。
古い港湾都市であり、見どころは港周辺。

オークランドへのアクセス

オークランド ★
○ サンフランシスコ

Powell St.駅か
らBARTで約30
分。フェリーの
便も頻繁に出
ているので往
復の交通手
段を変えても
いい。

自由な空気が漂う古きよきオークランドへ

市民でにぎわう水辺のエリア
ジャック・ロンドン・スクエア
Jack London Square

小説家ジャック・ロンドンの名前が
冠されたレストランやショップが集ま
る人気スポット。日曜日のファーマー
ズマーケットは特ににぎやか。

▶ **Map** P.129-B2

住472 Water St., Oakland 電(1-510)
645-9292 開店舗による。ファーマーズマー
ケットは日10:00〜15:00 交バートPowell St.
駅からAntioch(またはRichmond)行きで12th
St.下車、徒歩約13分 URLjacklondonsquare.
com

どれも
新鮮だよ

西側に係留されたUSSポトマックは大統領の
専用船だった

私がこの広場の
名前になった
ジャック・ロンドンです

OAKLAND

15th St.
12th St./
Oakland City Center
14th St.
13th St.
12th St.
11th St.
10th St.

オークランド・
コンベンション
センター

Clay St.
Broadway
9th St.
8th St.
7th St.
Harrison St.

980

4th St.
3rd St.
2nd St.

★ ジャック・ロンドン・
スクエア

★ オークランド
ミュージアム
Lake Merritt

880

★ USS
ポトマック

Embarcadero West

Jack London Square

0   200m

1 近隣の農家から新鮮な野菜が届けられるファーマーズマーケット　2 旅行者というより市民の
買い物スポット　3 工芸品や加工食品の露店はおみやげ選びに　4 レストランの種類も多い

1 さまざまな人種のポー
トレート　2 博物館
入口

カリフォルニアの多様性を展示
オークランドミュージアム
Oakland Museum of California

動植物などの自然、先住民から現代にいたる人々の
歴史、州の風景や地元出身画家の作品を中心とした
絵画などを、3つのフロアに分け展示している。

▶ **Map** P.129-B2

住1000 Oakland St., Oakland 電(1-510)318-8400 開水・木11:00〜
17:00(金〜21:00)、土・日10:00〜18:00 休月・火 料大人$15.95、シ
ニア・学生$10.95、9〜17歳$6.95、8歳以下無料。第1日曜$5 交
バートPowell St.駅からAntioch(またはRichmond)行きでLake Merritt
下車、徒歩約1分 URLmuseumca.org

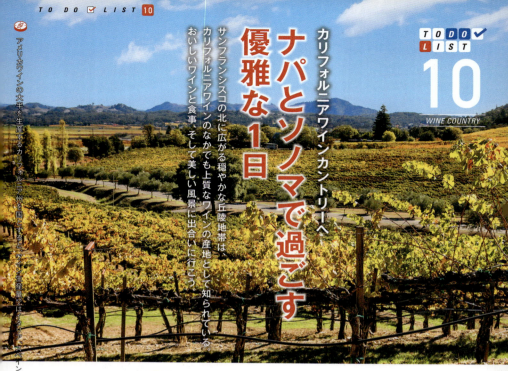

カリフォルニアワインカントリーへ

ナパとソノマで過ごす優雅な1日

サンフランシスコの北に広がる穏やかな丘陵地帯は、カリフォルニアワインのなかでも上質なワインの産地として知られている。おいしいワインと食事、そして美しい風景に出合いに行こう——。

アメリカワインの大半を生産するカリフォルニア州を一国とすると、ワイン生産量ではイタリア、スペイン、フランスに次いで世界第4位となる。

ACCESS

ワインカントリー ★

サンフランシスコ ○

ナパバレーへ

サンフランシスコからはベイブリッジを渡り、I-80号線をサクラメント方面へ。有料($6)のCarquinez Bridgeを渡ったらすぐにCA29号線へ入って、そのまま道なりに進むとナパまで約1時間。

ソノマカウンティへ

ゴールデン・ゲート・ブリッジを渡り、US101号線を北へ。ソノマの街以外はすべてUS101号線沿いにある。ナパ、ソノマ（サンタローザ）とも、サンフランシスコ国際空港からシャトルが運行している。

ツアー情報

市内から出発するバスツアーはさまざまな種類がある。複数のワイナリー巡りとランチがセットになった日帰りのツアーが人気。ワイントレイン（→P.46）などを組み込んだものもあり、ワインをしっかり楽しみたい人にはツアーがおすすめ。

ワインカントリーとは？

さまざまな土地でワインが生産されているカリフォルニアにあって、ナパバレーとソノマカウンティには大小合わせて400以上のワイナリーがある。生産量だけでなく、世界的に評価されているワイナリーも多いことから、ここが「ワインカントリー」と呼ばれている。

カリフォルニアワイン

全米で生産されるワインの80%以上がカリフォルニア産。1年の寒暖差が大きく雨が少ないブドウの生育に適した土地が多いためで、現在州内では100種類以上のブドウが栽培されている。ここでワインの生産が始まったのは、アメリカ独立より7年前の1769年で、その歴史も長い。

ドライブアドバイス

周辺の道は複雑ではないので、地図で目的地を確認しておけば迷うことは少ない。ナパバレーを縦断するCA29号線は週末特に混雑するので、余裕をもって行動を。アメリカでも飲酒運転は違法。ワインをしっかり楽しみたいなら、タクシーなどを使うことも考えたい。

WELCOME to this world famous wine growing region
...and the wine is bottled poetry...
NAPA VALLEY
Robert Louis Stevenson

ナパバレー
NAPA VALLEY

カリストーガ
★ Calistoga
ベリエッサ湖
Lake Berryessa
セントヘレナ★
St. Helena
ラザフォード
Rutherford
オークビル★
Oakville
ヨウントビル★
Yountville
(29)
ナパ
★ Napa

0   5km

南北約50km、幅が広いところで6.5kmほどの細長い盆地に、ワイナリーが点在している。見学だけでなくレストランやショップを併設しているところも多い。[URL]napavalley.com

ピクニックエリアを併設しているワイナリーもある

\ Check!/

ナパ Napa

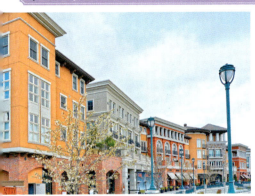

▶Map P.139-D3

ナパバレーの南端にある一番大きな街。街なかにワイナリーはないが、中心部はおしゃれなショップやレストランが並ぶにぎやかなエリア。ここを拠点にタクシーなどを使えば、運転せずにワイナリー巡りが楽しめる。

ナパバレーの観光案内所
NAPA VALLEY WELCOME CENTER

ナパだけでなく、ナパバレー全体の情報を入手できる。併設するショップは、エリアの特産品を扱っておりおみやげ探しに最適。

[住]600 Main St., Napa [TEL](1-707) 251-5895 [開]毎日9:00〜17:00 [休]無休 [URL]visitnapavalley.com

注目スポット

オクスボー・パブリック・マーケット
Oxbow Public Market

地元食材を販売するマーケットを中心に、ワイン、クラフトビール、スイーツなど、20以上の店が入る複合施設。

▶Map P.139-D3

[住]610 & 644 1st St., Napa [TEL](1-707) 226-6529 [開]水〜月7:30〜21:30(火〜20:00、一部店舗のみ金・土〜22:00) [休]サンクスギビング、12/25 [交]ナパ・ダウンタウンより車で約5分 [URL]oxbowpublicmarket.com

ヨウントビル Yountville

▶Map P.139-D2

ナパのすぐ北にある街。世界一の評価を受けたレストラン"The French Laundry"があることで知られ、上品で落ち着いた雰囲気が街全体に漂う。メインストリートには、しゃれたブティックやワインテイスティングルームが並ぶ。[URL]yountville.com/

ヨウントビルの観光案内所
YOUNTVILLE WELCOME CENTER

メインストリートにあって、れんがの壁が目印。並びにはレストランやワインテイスティングルームがあり、アクティビティやホテルの情報も豊富。

[住]6484 Washington St., Yountville [TEL](1-707) 944-0904 [開]毎日10:00〜17:00 [休]無休

ラザフォード Rutherford

▶Map P.139-D2

次ページのオークビルと並び、ナパバレーの中央部に広がる。ブドウ畑の中にいくつものワイナリーが点在しているが、「街」と呼べるような建物が集まったエリアはない。多くのワイナリーが見学可能なので、ワイナリー巡りが楽しい。

オークビル Oakville

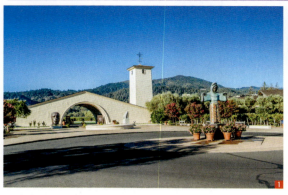

1 イタリアの教会のようなRobert Mondaviワイナリー
2 ナパバレー（谷）といってもほとんどが平らな土地
3 ブドウ畑のすぐ近くまで行くことができる

▶ Map P.139-C2

19世紀後半にナパバレーを走る鉄道の給水場から始まった街。ラザフォード同様、広大なブドウ畑の中にワイナリーが点在するエリアで、街の住人はほとんどいない。高価なプレミアムワインとして知られる"Opus One"やナパバレーの中心的ワイナリー"Robert Mondavi"など、24のワイナリーがある。

セントヘレナ St. Helena

▶ Map P.139-C1

ドライブの人も車を置いて歩きたい街。メインストリートに沿っておしゃれなカフェやギャラリー、ショップが並んでいる。徒歩圏に有名なワイナリーもあり。
URL www.sthelena.com/

セントヘレナ観光案内所 St. Helena Welcome Center
メインストリートにあり、紙の資料がたくさん置かれているのがレトロな街の雰囲気に合っている。スタッフの対応もていねいでうれしい。

住1320 Main St. A, St. Helena TEL (1-707) 963-4456 開月〜金9:00〜17:00、土・日10:00〜16:00 休無休

カリストーガ Calistoga

▶ Map P.139-C1

ナパバレーの北端にある天然温泉が湧く保養地。メインストリートのLincoln Ave.沿いにいくつものスパ施設が並んでいる。街外れの間欠泉も見逃せない。
URL visitcalistoga.com/

カリストーガ観光案内所 Calistoga Welcome Center
ワイナリーの情報提供や、スパの紹介もしてくれる。高級ホテルスパから気軽にトリートメントが受けられるものまで、自分に合ったところがどこか訪ねてみたい。

住1133 Washington St., Calistoga TEL (1-707) 942-6333 開毎日9:00〜17:00 休無休

おすすめスポット

\ Check!/

ヤオ・ファミリー・ワインズ
Yao Family Wines セントヘレナ

▶ Map P.139-C1

住929 Main St., St. Helena TEL (1-707) 968-5874（予約）開毎日10:00〜17:00 休無休 料テイスティング$25〜（テイスティングバー、プライベートテイスティングルーム、屋外パティオエリアあり。6名以上は要予約）交ナパ・ダウンタウンより車で約30分 URL www.yaofamilywines.com

トラ・ヴィーネ・ピッツェリア
Tra Vigne Pizzeria セントヘレナ

一番人気のイタリアン。ぜひ予約を！

▶ Map P.139-C1

住1016 Main St., St. Helena TEL (1-707) 967-9999 開月〜木11:30〜21:00（金・土〜21:30）休無休 交ナパ・ダウンタウンより車で約30分 URL www.pizzeriatravigne.com

カリストーガ・スパ・ホットスプリングス
Calistoga Spa Hot Springs カリストーガ

キレイになってね！

▶ Map P.139-C1

住1006 Washington St., Calistoga TEL (1-707) 942-6269 開毎日9:00〜21:00（火〜水〜17:00）休無休 料マッドバス$105、ミネラルバス$45 交ナパ・ダウンタウンより車で約50分 URL calistogaspa.com

ナパバレーもソノマカウンティも時間はかかるが、公共交通機関（フェリーとバス）を使ってアクセスすることが可能。

ソノマカウンティ
SONOMA COUNTY

ナパバレーの西側から太平洋岸までの一帯。ドラマチックな海岸線から、ナパバレー同様にのどかなブドウ畑が広がる内陸部まで、絵になるところが多いエリアだ。
URL www.sonomacounty.com/

★ ヒールズバーグ
Healdsburg
101
★ サンタローザ
Santa Rosa
ソノマ
Sonoma ★
ペタルマ ★
Petaluma

0   10km

TODO LIST
✓
10

ナパとソノマで過ごす優雅な1日

ペタルマ Petaluma

▶ Map P.138-B3

かつての街の図書館は博物館になっている

北カリフォルニアで最も古い街のひとつで、中心部の歴史地区には18世紀後半に建てられた建物が残る。アンティークショップは街の見どころのひとつ。 URL www.visitpetaluma.com/

ペタルマ観光案内所 Petaluma Visitors Center

1871年に開業した鉄道駅の駅舎が現在の観光案内所。歴史地区からは徒歩約10分。ソノマカウンティを走る鉄道の駅にもなっている。

住210 Lakeville St., Petaluma TEL (1-707)769-0429 開月〜金9:00〜17:00、土10:00〜16:00 休無休

ソノマ Sonoma

1

2

▶ Map P.138-B3

スペインカトリック教会の全部で21ヵ所の最後の伝道所がある。現在はワインカントリーの拠点の街で、カリフォルニア最古のワイナリーBuena Vistaにも近い。 URL www.sonomavalley.com/

1 1832年に建てられた現存する伝道所
2 伝道所の並びにある州立歴史公園。かつて軍隊の営舎があった

ソノマ観光案内所 Sonoma Valley Visitors Bureau

街の中心にある緑の広場ソノマプラザの一角にある。歩いて巡る周辺の歴史的な見どころのウオーキングツアーの地図はぜひ手に入れておきたい。

住453 1st St. East, Sonoma Free (1-866)996-1090 開毎日9:00〜17:00(日10:00〜) 休無休

サンタローザ Santa Rosa

▶ Map P.138-A2

ソノマカウンティ最大の街。見どころは世界中で愛されている「スヌーピー」の生みの親、チャールズ・M・シュルツの博物館。 URL www.visitsantarosa.com

サンタローザ観光案内所 California Welcome Center

街の中心部にある歴史地区の一角、鉄道駅のすぐ前にある。ワインカントリーだけでなく、太平洋岸のエリアの情報まで幅広く入手できる。

住9 4th St, Santa Rosa TEL (1-707)577-8674 開毎日9:00〜17:00 休無休

ヒールズバーグ Healdsburg

▶ Map P.138-A2域外

ナパバレーのセントヘレナ同様、車を置いて歩きたい街。ローカル色豊かなカフェ、ギャラリーがヒールズバーグプラザ周辺に集まっている。 URL www.healdsburg.com/

ヒールズバーグ観光案内所 Healdsburg Visitors Bureau

サンタローザ方面からならUS101号線を降りてロータリーを過ぎたすぐ左側。中心部の地図をもらって歩き始めよう。

住217 Healdsburg Ave., Healdsburg TEL (1-707)433-6935 開毎日10:00〜16:00、土・日11:00〜14:00 休無休

ここで紹介しているもの以外にも、ゴルフ、乗馬、フィッシングなどのアクティビティが楽しめる。

ワインカントリーの楽しみ

ワインやおいしい食事を楽しむのはもちろん、
ワインカントリーならではのアクティビティも。

おいしいワインを！　楽しいひとときを！

テイスティング

ほとんどのワイナリーは予約なし、飛び込みで訪れても大丈夫。ただしワイナリー見学は予約が必要なことが多い。基本的に試飲は有料。リストや用意されたワインの中から好みのものを指定してグラスに注いでもらう。このワイナリーの場合、$35で7～8種のワインの試飲ができる。

モンテチェッロ・ヴィンヤーズ
Monticello Vineyards

▶ Map P.139-D2
住4242 Big Ranch Road, Napa 電(1-707)253-2802 営毎日10:00～16:30 休無休 料テイスティング$35～（8名以上は要予約）URLwww.corleyfamilynapavalley.com

ピクニック

気候のいい時期は屋外が気持ちいい。ワイナリー併設のショップでチーズやハム、総菜を量り売りしているところがあるので、ワインとともにピクニックが楽しめる。どんなところでピクニックができるか観光案内所で確認したい。

ワイントレイン

ナパとセントヘレナ間を走る列車に揺られながらワインとランチを楽しむ。グラス片手に美しい車窓の風景を眺める、ナパバレーでしか体験できない贅沢なアクティビティ。
Napa Valley Wine Train URLwinetrain.com

アクティビティ

美しい景色の中で体を動かすのもワインカントリーの楽しみ

● 熱気球

朝方は無風のことが多いワインカントリーの地形は熱気球を楽しむにはうってつけ。ナパバレーやソノマ周辺で楽しむことができる。

● ハイキング

ブドウ畑の間や周辺の丘陵地帯に造られたトレイルを歩いてみよう。ブドウ畑は私有地なので決められたトレイルを外れないこと。

● サイクリング

ワインカントリーは比較的平坦な土地が多いので、気軽にサイクリングが楽しめる。ナパやソノマにはレンタサイクルの店がある。

● カヌー、カヤック

ナパバレーでは流れの静かなナパ川、ソノマカウンティではやや流れの速いロシアンリバーが川遊びの人気スポットとなっている。

SAN FRANCISCO
GOURMET, SHOPPING & STAY

Restaurant & Café,Food truck,
SF Brands,Daily cosmetics,Souvenir etc.

サンフランシスコ・カルチャーを楽しもう

サンフランシスコはアメリカ食文化の最先端を走り、
旬の食材やオーガニックなど素材にこだわったおしゃれなレストランが多い。
多様な人々を受け入れるリベラルな町にはクールなグッズも満載だ。

Dinnerはここで決まり♡

サンフランシスコの絶景レストラン

風光明媚なサンフランシスコらしい景色を眺めながらいた
だく料理は味わいもひとしお。滞在中に一度は訪れたい厳
選レストランをご紹介。

オリジナリティあふれる繊細な味わい
スランテッド・ドア
Slanted Door

フェリービルディング内にあるモダンベ
トナム料理レストラン。一面に大きく
窓が取られており、広い店内のどこか
らでもベイブリッジが見える。

エンバーカデロ ▶Map P.133-C3

📍1 Ferry Bldg. ☎(415)861-8032 🕐ラ
ンチ月～土11:00～14:30／日11:30～15:00
ディナー毎日17:30～22:00 🈺無休 🚇ミュニ
メトロ、バートEmbarcadero駅より徒歩約5分
🌐www.slanteddoor.com

ライトアップされたベイブリッジがロマンティック

$14

$41

$13

$14

1 シンプルでおしゃれなインテリア　2 前菜は生春巻きで決まり
3 人気メニューShaking Beef　4 グレープフルーツがアクセントの
サラダ　5 カクテルの種類も豊富

Check!! 絶景Dinnerを楽しむコツ

☑ **必ず予約を**
人気店は予約がベター。日時が決ま
り次第早めに連絡を。

☑ **下見をしよう**
テラスやカウンターなど好みや人数に
合った席をチェック。

☑ **日没の時間のチェック**
優雅なサンセットディナーも◎。日没
時間は時期により大きく変わる。

Best Seat
窓際のテーブ
ル席は特に人
気なので予約
必須だ。

特別な日のディナーに訪れたい
ビストロ・アット・ザ・クリフハウス
Bistro at The Cliff House

太平洋を見渡す崖の上に建つレストラン。1909年に
建てられた歴史ある建物を利用した店内は、クラシカ
ルなインテリアで重厚感たっぷり。

Best Seat
どの席からも見
渡す限りのオー
シャンビューが
楽しめる。

1

2

3

リッチモンド ▶ **Map** P.130-A2
🏠 1090 Point Lobos Ave. ☎ (1-415)386-
3330 🕐 月〜土朝食＆ランチ9:00〜15:30(日
8:30〜)、ディナー16:15〜21:30 🈳無休 🚌 ユ
ニオンスクエアからミュニバス38、38R番で
48th Ave. & Point Lobos Ave. 下車徒歩約6分
🌐 cliffhouse.com

1 崖にせり出すように建てられた建物 **2**
海側は一面窓になっている **3** Flank
Steak。ボリューミーなカリフォルニア料理
を提供する。メニューは変更あり

Dinnerはここで決まり♡
サンフランシスコの絶景レストラン

ウォーターバーでは、オープンから17時30分までは生のオイスターを1個$1.05で食べられる。

開放的な店内は居心地抜群
ウォーターバー
Waterbar

オイスターなど新鮮なシーフードがおいしいレストラン。テラス席はベイブリッジを見上げる特等席として人気で、SFのベストビューレストランにも選ばれている。

エンバーカデロ ▶Map P.133-D3
住 399 The Embarcadero 電(1-415)284-9922
開 火〜土11:30〜22:00(日・月〜21:30) 休 無休 交 ミュニメトロEmbarcadero駅より徒歩すぐ
URL www.waterbarsf.com

Best Seat
窓に向かって造られたバーカウンターがおしゃれ。

$19

$20

$17 (caption near burger) — $20

1 気軽に利用できるカウンター席　2 ベイブリッジが目の前という絶好のロケーション　3 食べ応えのあるクラブサンドイッチ　4 ワインにぴったりのイカのグリル

Best Seat
窓際ではないが海側に向いたソファ席もおすすめ。

フィッシャーマンズワーフの有名店
フォッグ・ハーバー・フィッシュ・ハウス
Fog Harbor Fish House

観光名所のピア39にありながら地元の人にも人気が高い。建物の2階にある店内には大きな窓が取られており、アルカトラズ島やゴールデン・ゲート・ブリッジが眺められる。

フィッシャーマンズワーフ ▶Map P.132-B1
住 #202 A, Pier 39 電(1-415)421-2442 開月〜金11:00〜22:00
(土・日10:30〜) 休 無休 交 ケーブルカーパウエル・メイソン線
終点より徒歩約10分 URL fogharbor.com

$19

$35

1 夕暮れ時もおすすめ　2 観光地にありアクセスもよい　3 シュリンプカクテル　4 クラムチャウダーにダンジネスクラブをトッピング　5 地元の名物料理Cioppino

老舗のシーフードレストラン

スコマズ
Scoma's

サウサリートの海沿いに建つ青い建物が目印。エビやムール貝などの魚介をトマトベースのスープで煮込んだCioppino（$39.95）がおすすめメニュー。

サウサリート ▶Map P.87

住 588 Bridgeway, Sausalito 電 (1-415)332-9551 開 毎日11:30～21:00 休 無休 交 フェリーターミナルより徒歩約4分 URL www.scomassausalito.com/

1 アットホームな雰囲気のかわいらしいインテリア　2 海に浮かぶように建てられている　3 海に囲まれた静かなロケーション　4 行き交う船を眺めるのも楽しい　5 メニューは変更されるが、サンフランシスコ名物ダンジネスクラブを使った料理は店の看板メニュー　6 これもダンジネスクラブを使った前菜

360°ナイスビューBarで
サンフランシスコの夜に酔いしれる

窓に面した席が多いのがうれしい

シティスケイプ
Cityscape Bar & Lounge

ヒルトンホテルの46階にあるバー。東西の壁が全面ほぼガラス張りという大胆な設計で、SFの美しい夜景をひとり占めできる。

ユニオンスクエア Map P.134-B1

住 333 O'Farrell St. Hilton SF Union Square Tower1, 46th fl. 電 (1-415)923-5002 開 16:30～24:00 休 無休 交 ミュニメトロ、バートPowell St.駅より徒歩約8分 URL www.cityscapesf.com

1 刻々と空が表情を変えていく夕暮れ時もドラマチック　2 洗練されたカクテルが楽しめる　3 窓側には席がずらりと並ぶ　4 静かな大人の時間を過ごしたい

Check!!
絶景dinnerを楽しむコツ

☑ **まずは座席確保**
スタッフの案内に従い希望の席があれば伝えよう。

☑ **巡回するサーバーにメニューをオーダー**
バーテンダーにおすすめカクテルを聞いてもいい。

☑ **支払い時にチップを忘れずに**
お酒の数や値段に応じて$1～5渡すのがマナー。

Presidio Picnic
プレシディオ・ピクニック
Sunday Lunch

広い芝生の上で
リラックス休日ランチ

3月～10月の毎週日曜日
11:00～16:00
広い芝生エリアを囲むようにトラックやテントが並び、ピクニック気分が味わえるのが魅力。

プレシディオ・ピクニックは近くのゴールデンゲート・ブリッジ観光と合わせて出かけると効率的。

地元の人もみんな大好き！

家族連れも多くのどかな雰囲気

人気フードトラックが集結！
話題の**OFF THE GRID**に潜入
オフ・ザ・グリッド

SF随一のグルメイベントは、国籍もジャンルもさまざまなフードトラックが大集結で熱気ムンムン！

1 広いので迷子に注意　2 種類が多いので何を食べるかかなり悩む

Del Popoloの Margherita $13
注文してから焼き上げるモチモチピザが大人気

会場で目立つ大きなトラック

プレシディオ・ピクニック
Presidio Picnic
▶ Map P.130-B1

住Main Parade Ground 電(1-415)339-5888 開3月～10月の毎週日曜11:00～16:00 交ダウンタウンからPresidi GoでプレシディオのTransit Center下車。Lincoln Blvd.を西へ行きMontgomery St.を左折。ウォルトディズニー博物館の前 URLoffthegrid.com

Happy Mooseの Cold Press Juice $7～12
野菜や果物の栄養が凝縮した健康ドリンク

おしゃれな若者グル
ープやカップルが目
立つ

金曜の夜の
ストリートフードパーティ

Friday
Night

Fort Mason Center
フォート・メイソン・センター

3〜10月の毎週金曜日 17:00〜22:00

Off the Gridを代表する会場で、トラックの数も広さも最大級。電飾で飾られた会場が野外フェスのような雰囲気。

\Check!/
OFF THE GRIDの楽しみ方

● ピクニックシートを持参
プレシディオ・ピクニックはシートか折りたたみ椅子があると快適だ。

● 日焼け＆寒さ対策は万全に
海沿いエリアや夜は思いのほか冷えるので、羽織るものも用意しておこう。

**Ruru Kitchenの
Buckwheat Waffle $7**
そば粉を使った珍しいワッフルは食べ応え十分

1 天気のいい日は特に大盛況　2 お酒の販売もしている

**Señor Sisigの
Tacos 1個 $4**
スパイシーなタコスは冷えたビールとも相性抜群

人気の店は行列必至

フォート・メイソン・センター
Fort Mason Center

▶ Map P.131-C1

住 2 Marina Blvd.　電 (1-415)339-5888
営 3〜10月毎週金17:00〜22:00　交 ユニオンスクエアやフィッシャーマンズワーフからミュニバス30番でChestnut & Laguna Sts.で下車。北へ2ブロック歩く URL offthegrid.com

※参加店舗や提供メニューは時期により頻繁に変わります。

ローカルたちのお気に入り

行く価値大の
ニューウェーブ系コーヒー店

常に進化を続けるSFのコーヒーカルチャー。地元の人たちが愛してやまない極上の1杯を求めて、話題のコーヒーを飲み比べ！

SFの人たちはコーヒーの味わいだけでなくその背後にある経営理念やストーリーを重視しているのだそう。

$4.75

Recommend!!
Nitro Coffee

ニューウェーブの中心的存在

フォー・バレル・コーヒー
Four Barrel Coffee

エチオピア、コロンビア、グアテマラ、ケニアの4ヵ国の豆を自由に調合、オーダーできるスタイルがユニーク。コーヒー片手に会話を楽しんでほしいという店の哲学から、店内にWi-Fiはなしという徹底ぶり。

ミッション ▶Map P.137-C1

住 375 Valencia St. 電 (1-415)896-4289 開 毎日7:00〜20:00 休 無休 交 バート16th St. 駅より徒歩約5分 URL www.fourbarrelcoffee.com

1 味のある木材が大胆に使用された開放的な店内 2 店内の大きな焙煎機で豆をローストしている 3 インテリアもすてき 4 オリジナルグッズも人気

54

ここも訪れたい

フォーバレル・コーヒーの2号店は 人気の朝食SPOT

明るい雰囲気の人気カフェ

ザ・ミル
The Mill

ベーカリーを併設しており、どっしり重たい酸味系のパンを使ったトーストメニューは、コーヒーと相性抜群で朝食にぴったり。朝から多くの地元の人たちでにぎわっている。

Recommend!!
クリームチーズ×ペーストのトースト

→ コーヒーとセットで$7

ソーマ ▶Map P.136-A3

住 736 Divisadero St. 電 (1-415)345-1953 開 毎日7:00～21:00(ピザナイトは19:00～) 休 無休 交 ミニバス5番でMcAllister St. & Divisadero St.下車徒歩約2分 URL www.themillsf.com

焼きたてパンのいい香りがたちこめる店内。近所の常連さんらしき人が多い

こだわりの1杯を召し上がれ♪

広々とした居心地のいい空間

サイトグラスコーヒー
Sightglass Coffee

SFのサードウェーブ系として外せないコーヒーショップ。2階まで吹き抜けになった開放感のある店内で、焙煎したての豆を使い1杯1杯ていねいに入れられた香り高いコーヒーがいただける。野菜のタルティーヌや季節のフルーツジャム入りデニッシュなどの軽食メニューもおいしい。

ソーマ ▶Map P.134-B2

住 270 7th St. 電 (1-415)861-1313 開 毎日7:00～19:00 休 無休 交 バート Civic Center駅より徒歩約7分 URL sightglasscoffee.com

$5

Recommend!!
Latte

ゆっくりドリップするのがおいしく入れるコツ

1 店内を見渡す2階のカウンター席もおすすめ
2 ブラックベリージンジャーマフィン$4.25　3 ドリップする様子が見られるのも楽しい

More!! ローカルたちのお気に入り
行く価値大のニューウェーブ系コーヒー店

フィルツコーヒーでは、バリスタがミルクや砂糖、入れ方など、1杯ずつ客の好みに合わせてくれる。

フレンドリーな接客も魅力
ブルーボトルコーヒー
Blue Bottle Coffee

オークランド発のサードウェーブコーヒーの代表格。世界中のコーヒー農家と直接契約を結び、サステナブルなコーヒー作りをモットーとしており、世界中に多くのファンをもつ。豆のもつフレッシュさを生かした味わいが特徴だ。

ソーマ▶Map P.134-B2
住66 Mint St. TEL(1-510)653-3394 開毎日6:30〜19:00(日〜17:00) 休サンクスギビング、12/25 交ミュニメトロ、バートPowell St. 駅より徒歩約4分 URL www.bluebottlecoffee.com

1 朝から多くのビジネスマンでにぎわう 2 ハンドドリップ製法は日本の喫茶店から発想を得たのだとか 3 重厚な建物がかっこいい

$4.50
Recommend!!
Seasonal Blend

SF内に多くの支店をもつ
フィルツコーヒー
Philz Coffee

ミント入りコーヒーや、エスプレッソ系のメニューの代わりになっているカフェイン強めのミディアムローストコーヒーTesoraなど新感覚な味わいが人気。Facebookの本社内にも店舗がありCEOのマーク・ザッカーバーグが好きなコーヒーとしても有名。

ファイナンシャルディストリクト▶Map P.133-C3
住1 Front St. #100 TEL(1-415)568-2535 開月〜金5:30〜19:00、土・日8:00〜17:00 休無休 交ミュニメトロE、F線Market St. & 1st St. 下車徒歩約2分 URL www.philzcoffee.com

$3.50

1 ファイナンシャルディストリクトにある店舗 2 一般的なコーヒー店とは異なるユニークなメニューが多い 3 ビジネスパーソンたちで活気あふれる店内

Recommend!!
Philharmonic

ここにも注目!
SFコーヒーカルチャー

ヒストリー
19世紀後半から1960年代まで全米で続いた大量生産・大量消費のコーヒーの時代がファーストウェーブ。その後シアトル系コーヒーチェーンなどの台頭により深煎り高品質の豆を使ったセカンドウェーブが流行。そして今日、コーヒーとカルチャーを融合させたサードウェーブが、サンフランシスコから世界に広がった。豆の生産地への配慮やエコライフへの支持など、社会や環境に対する考え方がコーヒー作りに強く反映されている。

店前に駐輪場を設けエコライフを支持(サイトグラスコーヒー)

星とカップのモチーフのロゴがキュート

リチュアル・コーヒー・ロースターズ
Ritual Coffee Roasters

ハイセンスな人たちの情報交換の場や技術系ビジネスマンのワーキングスペースなど、文化の発信地としての役割も果たす、人気急上昇中のコーヒーショップ。SF内の多くのカフェやレストランでもここの豆を使っている。

ミッション ▶Map P.137-D2

住1026 Valencia St. TEL(1-415)641-1011 開月～金6:00～20:30（土・日7:00～）休無休 交バート24th St. 駅より徒歩約8分 URL www.ritualroasters.com

$5

Recommend!!
Hector Artunduaga

1 店内のほかに道に面したテラス席もおすすめ　2 バリスタのプロの技にも注目したい　3 大きな赤い旗が目印　4 オリジナルグッズや豆も販売

気軽にふらりと立ち寄りたい

リネア・カフェ
Linea Coffee

地元密着型の小さなコーヒーショップ。オーナーはコーヒー界で有名なアンドリュー・バーネット。ブラジルやエチオピアなどトップ栽培者に知り合いをもつオーナーが自ら豆を厳選。

ミッション ▶Map P.137-D1

住3417 18th St. TEL(1-415)590-3011 開毎日7:00～18:00（土・日8:00～）休無休 交バート16th St. 駅より徒歩約5分 URL lineacaffe.com

1 青い壁が印象的なかわいらしい店構え　2 店内にカフェスペースはないが外の道路沿いにベンチがある　3 カジュアルな雰囲気

\Check!!/
コーヒーカルチャーはどこへ向かう？

サードウェーブコーヒーはさらに進化を続け、時代はフォースウェーブへと突入しつつある。代表的なのは、コーヒーに窒素を加えてサーバーからつぎ出すことでビールさながらの泡が立ちなめらかな味わいになる「ニトロコーヒー」や、熱を加えずに長時間かけてゆっくりと水で抽出することで香り高く仕上げる「コールドブリュー コーヒー」、また、ハーブやフルーツをミックスさせた「インフュードコーヒー」など。今回紹介した店でも扱っているところがあるので、見つけたらぜひ試してみよう。

行く価値大のニューウェーブ系コーヒー店

今、気になる

MADE IN SAN FRANCISCO
サンフランシスコ生まれの名品を手に入れる!

ストリート系やヒッピーカルチャーなどさまざまな文化が融合した、個性豊かなサンフランシスコ発のブランドたち。商品そのもののデザインや実用性はもちろん、ブランドのコンセプトやこだわりにも注目して。

エバーレーンはメンズアイテムも豊富に扱っている。

Fashion

環境保護や社会貢献を意識

Everlane エバーレーン

カシミアやウールのセーター、イタリアでハンドメイドされる靴など良質なアイテムが揃う。気取らないデザインがサンフランシスコらしい。

▶ Map P.137-D1
住 461 Valencia St. 営 毎日10:00～20:00
休 無休 交 バート16th St. 駅より徒歩約3分 URL everlane.com

柔らかな肌触りの半袖シャツ $68

定番デザインのデニムジャケット $88

ミッション地区にある人気店

きれいな色のリネンシャツ $58

リサイクルポリエステルを使ったブーツ $155

1 店内では製造工程やコストについても紹介
2 使い勝手のよいシンプルなデザイン

1日中履いていても疲れないのが魅力♡

Shoes

たくさん歩く旅行時にも重宝しそう

Rothy's ロシーズ

ペットボトルのリサイクル繊維で作られたエコなシューズが人気。布のように柔らかく通気性も抜群、しかも洗濯機で丸洗いOKと実用性も◎。

▶ Map P.136-A2
住 2448 Fillmore St. 営 月～土10:00～18:00（日～17:00）休 無休
交 紀伊國屋ビルより徒歩約14分 URL rothys.com/sf

フラットシューズ $125（左2種）、スニーカー $165（右2種）ともにデザインの種類も豊富

定番のメッセンジャーバッグ$76

Bag

世界中に多くのファンをもつ

Timbuk2 ティンバック2

軽くて丈夫でおしゃれなメッセンジャーバッグの店。店内の端末から、型や色などを自分好みにカスタムメイドすることも可能で、3〜5日で完成する。

▶ Map P.134-A2

住 506 Hayes St. TEL (1-415)252-9860
開 月〜土10:00〜19:00、日11:00〜18:30
休 無休 交 バートCivic Center駅から徒歩約13分 URL www.timbuk2.com

1 男女問わず使えるスタイリッシュなデザイン 2 定番から新作まで豊富に揃う

レザー素材の斜めがけポーチ$109

収納たっぷりなバックパック$139

サンフランシスコ生まれの名品を手に入れる！

GOURMET & SHOPPING

04

花の模様が刻まれたボウル$295

カップ$31にプレート$19を合わせて

Interior

柔らかなフォルムが魅力

Heath Ceramics
ヒース・セラミックス

工場の一角にショップが併設されているため、製品の種類の多さは折り紙付き。落ち着いた風合いの食器は和洋問わずさまざまなテーブルにしっくりとマッチする。

▶ Map P.137-D1

住 2900 18th St. TEL (1-415)361-5552
開 日〜水10:00〜18:00（木〜土〜19:00）
休 無休 交 バート16th St.より徒歩約5分
URL www.heathceramics.com

レザーバッグ$450（左）やトートバッグ$325（右）も扱う

1 有名レストランでも使用される人気の食器 2 おしゃれなテーブルコーデも参考にして

Cosme

値段も手頃でおみやげにも最適

The Balm バーム

ポップでキュートなパッケージが若者に人気。チークやアイシャドーなどのメークアイテムからスキンケア商品まで、さまざまなコスメアイテムが揃う。

▶ Map P.137-D1

住 788 Valencia St. 電 (1-415)817-1900
営 毎日10:00〜19:00(火・水11:00〜)
休 無休 交 バート16th St. 駅より徒歩約9分 URL thebalm.com

バームのパッケージには、女性の社会的地位向上のメッセージが込められているとのこと。

カラバリ豊富なリップグロス$14

8色セットのアイシャドーパレット$28

メーク好き♡

発色のいいチーク$21は売れ筋アイテム

スタッフがメークの相談にものってくれる

オリーブオイル・ボディバーム各$20

ハンド&ボディローション各$14

Skin Care

自然の力で肌を健やかに

Mcevoy Ranch
ミキボイ・ランチ

西海岸発のオーガニックコスメ。オリーブ農園が作るナチュラルなスキンケアアイテムは、老若男女問わずさまざまな肌のトラブルに優しくアプローチしてくれる。

▶ Map P.133-C3

住 1 Ferry Bldg. 電 (1-415)291-7224
営 月〜金9:00〜19:00、土8:00〜18:00(日9:00〜) 休 無休 交 ミュニメトロ、バートEmbarcadero駅より徒歩約5分 URL www.mcevoyranch.com

フェリービルディング内にあって便利

シャンプーやソープが入ったセット$35

オリーブオイルなど食品も人気

MADE IN SAN FRANCISCO

ラインアップが豊富

定番SFブランドは フラッグシップショップで探そう！

広い店内でゆったりと買い物できる

Levi's Store
リーバイス・ストア

言わずと知れたジーンズの老舗の、世界で3番目に大きい店舗。定番商品に加え地元のデザイナーとコラボしたアイテムなどこの店ならではの品揃え。

▶ Map P.134-B1

住 815 Market St. 電 (1-415) 551-0100 営 月〜土9:00〜21:00、日10:00〜20:00 休 無休 交 ユニオンスクエアより徒歩約5分 URL www.levi.com

ダメージ加工がかっこいいパンツ $98

内ボアのデニムジャケット $128

自分好みに カスタムできる！

店内の端末で、購入したアイテムに好みの刺繍を入れることもできる。また店内にはカラフルなボタンやワッペンなどが販売されているので自力でカスタムも可能。

1 あらゆるアイテムがカスタムできる 2 注文後5日ほどで完成 3 SFらしいデザインのワッペンがたくさん

The North Face
ノースフェイス

機能性とファッション性を兼ね備えたアイテムを扱うアウトドアブランド。ウエアだけでなくテントや寝袋、ランタンなどのキャンプアイテムが幅広く揃う。

▶ Map P.134-B1

住 80 Post St. 電 (1-415) 433-3223 営 月・水・木〜土10:00〜20:00、火・日11:00〜18:00 休 無休 交 ユニオンスクエアより徒歩約3分 URL www.thenorthface.com

Williams Sonoma
ウィリアムズ・ソノマ

センスのいいキッチン用品や食品がずらり。食器はもちろんおしゃれな容器に入った調味料やジャムなどは、料理好きな人のおみやげにしても喜ばれそう。

▶ Map P.134-B1

住 340 Post St. 電 (1-415) 362-9450 営 月〜土10:00〜20:00、日〜19:00 交 ユニオンスクエアより徒歩約2分 URL www.williams-sonoma.com

GAP
ギャップ

サンフランシスコに本社をもつカジュアルブランド。シンプルなデザインとリーズナブルな価格が魅力で、幅広い年齢層をカバーしている。手頃な価格も魅力。

▶ Map P.134-B1

住 890 Market St. 電 (1-415) 788-5909 営 毎日9:00〜21:00 休 無休 交 ユニオンスクエアより徒歩約3分 URL www.gap.com

Souvenir

サンフランシスコで買いたい！

おみやげガイド

おいしいご当地グルメからおしゃれな雑貨まで、SFらしさ全開のおみやげが大集合！

Foods & Drinks

アーモンドチョコ
ダンデライオン・チョコレート・ファクトリー ▶Data P.26
オーガニックチョコレートが濃厚な大人の味

$9.50

グラノーラ
ホール・フーズ・マーケット ▶Data P.63
小麦不使用でグルテンフリー対応。クランベリー入り

$9.99

アップルチップス
レインボー・グローサリー ▶Data P.23
オーガニックのリンゴをカリッとグリルした人気商品

$5.79

ビーガンクッキー
トレーダー・ジョーズ ▶Data P.63
卵や牛乳不使用ながら食べ応えは十分

$3.99

ドライフルーツ
トレーダー・ジョーズ ▶Data P.63
オレンジのほかにレモンやマンゴーなどもある

$1.99

チョコレート
レインボー・グローサリー ▶Data P.23
地元産。小分けなのでバラまきみやげに◎

$4.39

オーガニックティー
レインボー・グローサリー ▶Data P.23
有機フェアトレードにこだわる地元メーカーのもの

オリーブオイル
コスト・プラス・ワールドマーケット ▶Data P.80
カリフォルニア産のフレッシュなオリーブを使用

ホットココアミックス
ダンデライオン・チョコレート・ファクトリー ▶Data P.26
お湯や牛乳に溶かすだけなので簡単

$18

コーヒー豆
レインボー・グローサリー ▶Data P.23
香り高いSFのオーガニックコーヒーを自宅でも

$9.99

$7.49

$9.99

ワイン
ナパバレー・ワイナリー・エクスチェンジ ▶Data P.69
さわやかな味わいのオーガニックワイン

$20

Goods & Accessories

$12.99

SFMOMAの文房具

ミュージアムストア ▶Data P.34
カラフルな色鉛筆やチューブ型のペン、
消しゴム

コースター
カリフォルニア
科学アカデミー
▶Data P.85
宇宙をモチーフに
したクールなデザ
イン

$25

$10

$6

$3

トートバッグ
ブルーボトルコーヒー
▶Data P.56
ブルーボトルがワンポイント
の丈夫なバッグ

ゴールデン・ゲート・ブリッジの模型
サウサリート・フェリー・カン
パニー ▶Data P.86
細かな部分まで橋を再現で
きる模型キット

マグカップ
ゴールデン・ゲート・
ブリッジ・ウエルカ
ムセンター
▶Data P.16
SFの名所が描かれ
た定番みやげ

$12.95

水筒
カリフォルニア科学
アカデミー
▶Data P.85
クマのイラストと木
目柄がかっこいい

$29.99

$11.99

Cosmetics

石鹸
レインボー・グローサリー
▶Data P.23
チーズのような形がユニ
ークなナチュラルソープ

歯磨き粉
トレーダー・ジョーズ ▶Data P.63
科学的な成分は不使用で体に優し
い

$4.99 $4.99

ボディ
ローション
ホール・フーズ・マー
ケット ▶Data P.63
SFは乾燥するので
即戦力になりそう

$1.99

$2.29

トレーダー・ジョーズ
Trader Joe's

ロスアンゼルス発祥のオーガニックスーパー。オリジナル
の商品のコスパがよく、特にシーズニングソルトは種類が
豊富でおすすめ。

▶Map P.132-A3
🏠10 4th St. ☎(415)536-7801 休毎日8:00〜21:00 休無休
🚇バートPowell St. 駅より徒歩約4分 URL www.traderjoes.com
●支店 フィッシャーマンズワーフ店 ▶Map P.132-B1
🏠401 Bay St.

ホール・フーズ・マーケット
Whole Foods Market

「地球に優しい」をテーマに選ばれた質のよい食材が揃
う。温かい総菜やスイーツも並ぶサラダバーは気軽に使
えて利用価値が高い。

▶Map P.136-B2
🏠1765 California St. ☎(415)674-0500 休毎日8:00〜
22:00 休無休 🚇グレース大聖堂より徒歩約11分 URL www.
wholefoodsmarket.com
●支店 ソーマ店 ▶Map P.135-C2
🏠399 4th St.

高級ホテルには必ずいるコンシェルジュ。レストランやツアーの予約など、積極的に活用したい。チップを忘れずに。

Hotels in San Francisco

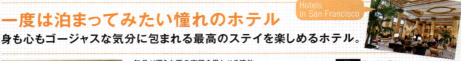

一度は泊まってみたい憧れのホテル

身も心もゴージャスな気分に包まれる最高のステイを楽しめるホテル。

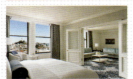

気品が漂う白亜の宮殿を思わせる建物

リッツ・カールトン・サンフランシスコ

Ritz-Carlton, San Francisco

1909年に生命保険会社（Met Life）の社屋として建てられた神殿のような建物を改装。華美な装飾を排し、あくまでも上品で優雅な雰囲気。

▶Map P.132-B3

住 600 Stockton St.
TEL (1-415) 296-7465
料 $489〜6000
室 336
交 グレース大聖堂より徒歩6分
URL www.ritzcarlton.com

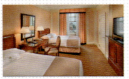

ノブヒルに建つクラシックな高層ビル

インターコンチネンタル・マーク・ホプキンス

InterContinental Mark Hopkins

鉄道で財をなしノブヒルに邸宅を構えた富豪マーク・ホプキンスの名を冠したホテル。丘の上の19階の最上階は30〜40階の高さに相当する。

▶Map P.132-B3

住 999 California St.
TEL (1-415) 392-3434
料 $279〜3499
室 384
交 グレース大聖堂より徒歩2分
URL www.intercontinentalmarkhopkins.com

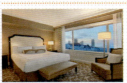

ノブヒルのシンボル的重厚なロビー

フェアモント・サンフランシスコ

Fairmont San Francisco

ロビーに一歩足を踏み入れたときに感じるオーラは、高い天井と豪華なインテリア、そして歴史が醸し出すもの。ノブヒルで一番大きなホテル。

▶Map P.132-B3

住 950 Mason St.
TEL (1-415) 772-5000
料 $259〜4999
室 606
交 グレース大聖堂より徒歩2分
URL www.fairmont.com/san-francisco

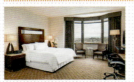

無数の賓客をもてなしてきた歴史を誇る

ウェスティン・セントフランシス

Westin St. Francis

ホテルの開業は1904年。2年後の街を破壊した大地震にもめげず、長年にわたりSFの顔として世界のVIPをもてなしてきた。

▶Map P.134-B1

住 335 Powell St.
TEL (1-415) 397-7000
料 $209〜2939
室 1175
交 ユニオンスクエアより徒歩1分
URL www.westinstfrancis.com

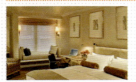

街の喧騒と無縁の静寂な空間

タージ・カンプトン・プレイス

Taj Campton Place

タージはインドの高級ホテルチェーン。にぎやかなユニオンスクエアのそばにあると思えない静かな空間。ミシュラン星付きレストラン併設。

▶Map P.134-B1

住 340 Stockton St.
TEL (1-415) 781-5555
料 $320〜960
室 110
交 ユニオンスクエアより徒歩2分
URL www.tajcamptonplace.com

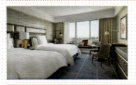

すべてに超一流を求める人に

フォーシーズンズ・ホテル・サンフランシスコ

Four Seasons Hotel San Francisco

再開発が続くSOMAで21世紀に最初に建てられた高層ビル。夕暮れ時、客室やバーやレストランから眺める街の明かりが美しい。

▶Map P.135-C1

住 1757 Market St.
TEL (1-415) 633-3000
料 $356〜8795
室 277
交 ユニオンスクエアより徒歩5分
URL www.fourseasons.com/sanfrancisco

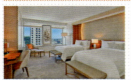

SOMA随一の優雅な空間

セント・レジス・サンフランシスコ

St. Regis San Francisco

SFMOMAに隣接するスタイリッシュな高級ホテル。近未来的なエリアにふさわしく、すべての客室に最先端の設備が備えられている。

▶Map P.135-C1

住 125 3rd St.
TEL (1-415) 284-4000
料 $449〜1349
室 260
交 Powell St.駅より徒歩8分
URL www.stregissanfrancisco.com

観光の中心ユニオンスクエア周辺の快適な老舗ホテル

何をするにも便利なユニオンスクエアに近い、居心地のいい中規模ホテル。

サービスも充実のチャーミングなホテル
キング・ジョージ・ホテル
King George Hotel

ブリティッシュグリーンの外壁と正面に翻るユニオンジャックが目印。ビリヤード台が置かれたロビーは、宿泊者の社交場的空間。

 Map P.134-B1
住 334 Mason St.
電 (1-415)781-5050
料 $169～749
室 153
交 ユニオンスクエアより徒歩4分
URL www.kinggeorge.com

ロケーション抜群の快適なホテル
ハンドレリー・ユニオンスクエア・ホテル
Handlery Union Square Hotel

20世紀初頭建設のビルをリノベーション。館内がやや複雑だが広めの客室がとても快適。ダウンタウンの中級ホテルには珍しくプール付き。

Map P.134-B1
住 351 Geary St.
電 (1-415)781-7800
料 $148～430 室 377
交 ユニオンスクエアより徒歩2分
URL sf.handlery.com
※下記の日本語セールス担当の高野氏を通じて予約もできる

女性好みのインテリア
ヴィラ・フローレンス
Villa Florence

赤紫の花がアクセントのおしゃれな内装。イタリアンテイストを意識したブティックホテルは、部屋の小ささを補ってあまりある居心地のよさ。

Map P.134-B1
住 225 Powell St.
電 (1-415)397-7700
料 $194～709 室 189
交 ユニオンスクエアより徒歩3分
URL www.villaflorence.com
※下記の日本語セールス担当の高野氏を通じて予約もできる

ユニークなドアマンがお出迎え
キンプトン・サー・フランシス・ドレーク
Kimpton Sir Francis Drake

1920年代の「狂乱の時代」を彷彿させるレトロな外観と豪華なロビーは一見の価値あり。奇抜な衣装のドアマンと一緒に記念写真を。

Map P.134-B1
住 450 Powell St.
電 (1-415)392-7755
料 $180～1325 室 420
交 ユニオンスクエアより徒歩2分
URL www.sirfrancisdrake.com
※下記の日本語セールス担当の高野氏を通じて予約もできる

ケーブルカー発着所のすぐそば
ホテル・ユニオンスクエア
Hotel Union Square

ちょっと窮屈な部屋もあるが、シンプルでスタイリッシュなインテリアは建物の古さを感じさせない。設備もアメニティも十分で快適。

Map P.134-B1
住 114 Powell St.
電 (1-415)397-3000
料 $161～987
室 132
交 ユニオンスクエアより徒歩4分
URL hotelunionsquare.com

高級感の漂うクラシックなブティックホテル
ケンジントンパーク・ホテル
Kensington Park Hotel

アンティークやクラシックな雰囲気が好きな人におすすめ。手入れの行き届いたロビーの家具に歴史を感じる。英国風のお茶の時間がある。

Map P.134-B1
住 1450 Post St.
電 (1-415)788-6400
料 $159～1049
室 94
交 ユニオンスクエアより徒歩4分
URL www.kensingtonparkhotel.com

日本人旅行者のホテル予約サポート *Column*

上記ホテルのうち、ハンドレリー・ユニオンスクエアは日本語セールス担当のヘンリー高野氏を通して予約をすれば特別料金で手配可能。サー・フランシス・ドレーク、ヴィラ・フローレンスは予約を代行する。何かあったときにも高野氏のサポートが受けられる。

電 (1-650)827-9491 FAX (1-650)827-9105
URL www.nishikaigan.com Mail henrytakano@earthlink.net
日本語OK。クレジットカードが必要。なお、高野氏を通さないと割引にならないので注意。

ツアーでも利用される快適な大型ホテル

観光に便利なロケーションにあり、各種施設が充実した大型のホテル。

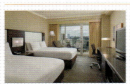

最上階からの夜景が最高！

ヒルトン・サンフランシスコ・ユニオンスクエア

Hilton San Francisco Union Square

市内最大の客室数を誇る大型ホテル。ユニオンスクエアから2ブロックという好立地で、ここから出発するツアーも多く何かと便利。

▶Map P.134-B1

住 333 O'Farrell St.
TEL (1-415) 771-1400
料 $185～1235
室 1900
交 ユニオンスクエアより徒歩7分
URL hiltonsanfranciscohotel.com

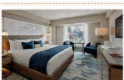

上品な和のもてなしの心地よさ

ホテル・ニッコー・サンフランシスコ

Hotel Nikko San Francisco

日系のホテルならではの行き届いたサービスがいい。日本語案内はもちろん、日本人スタッフも常駐。英語で苦労したくない人におすすめ。

▶Map P.134-B1

住 222 Mason St.
TEL (1-415) 394-1111
料 $249～1310
室 533
交 ユニオンスクエアより徒歩4分
URL www.hotelnikkosf.com

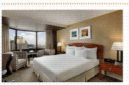

どこに行くにも便利な立地

パーク55

Parc 55

BARTのPowell St.駅の目の前にある。交通機関を積極的に利用して移動する人には理想的なロケーションで、何をするにも便利。

▶Map P.134-B1

住 55 Cyril Magnin St.
TEL (1-415) 392-8000
料 $185～929
室 1024
交 ユニオンスクエアより徒歩5分
URL www.parc55hotel.com

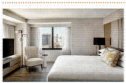

コンベンション参加者の御用達

サンフランシスコ・マリオット・マーキース

San Francisco Marriott Marquis

市内有数の客室数だがコンベンションがあると真っ先に予約が埋まる。広い客室と上質のアメニティを体験したいなら日を選んで予約を。

▶Map P.134-B1

住 780 Mission St.
TEL (1-415) 896-1600
料 $199～1190
室 1024
交 Powell St.駅より徒歩5分
URL www.sfmarriott.com

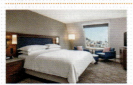

にぎやかなピア39から1ブロック

リウ・プラザ・フィッシャーマンズワーフ

Hotel Riu Plaza Fisherman's Wharf

街一番の観光スポットのすぐ近くだが、1ブロックを占める大きな敷地のホテルなので、部屋によっては建物を出るまでに時間がかかるかも。

▶Map P.132-B1

住 2500 Mason St.
TEL (1-415) 362-5500
料 $219～1099
室 532
交 ピア39より徒歩3分
URL www.riu.com

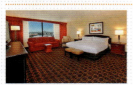

忙しく観光したい人におすすめ

ホリデイイン・フィッシャーマンズワーフ

Holiday Inn Fisherman's Wharf

人気観光地にありながら、客室、サービス、セキュリティなどのコスパが高いと評判。隣接してHoliday Innがあるので間違えないように。

▶Map P.132-A1

住 1550 North Point St.
TEL (1-415) 409-4600
料 $199～552
室 252
交 ピア39より徒歩4分
URL www.hiefishermans wharf.com

Column

サンフランシスコのホテル事情

この街のホテルの高さは全米随一。旅行者が多いのはもちろん、世界のIT関係者が集まる大規模なコンベンションも頻繁に行われているので、常に需要が高いからだ。コンベンションの直前になるとどのホテルも急に値段が上がるが、コンベンションが比較的少ない夏や冬の時期はリーズナブルな料金で宿泊できる。また早めに予約して宿をおさえることで、忙しいシーズンでも比較的安く泊まることが可能だ。

高級なところでも大型ホテルのロビーは誰でも入ってこられる場所。特に置き引きなどの犯罪に注意したい。

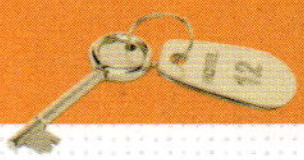

SAN FRANCISCO
AREA GUIDE

Union Square,Financial District,Chinatown,Nob Hill,
Fisherman's Wharf,Golden Gate Park etc.

サンフランシスコ　エリアガイド

サンフランシスコの中心街は歩いて回れるコンパクトな広さ。
しかもさまざまな交通機関がくまなく町を走っている。
まずはケーブルカーに乗り込んで、サンフランシスコを自在に歩こう。

ユニオンスクエア内にはカフェもあり、道行く人を眺めながらお茶をするのが楽しい。

AREA NAVI

☑ どんなところ?

観光の起点となるエリア。この周辺にホテルを取ると便利だ。

💡 散策のヒント

徒歩で十分散策可能。デパートの種類が多く漠然と歩くと時間がかかるので、どこにどんなショップが入っているのか事前に調べておくと効率よく回れる

🚃 交通メモ

ケーブルカー、ミュニメトロ、バート、バスなどあらゆる交通機関がこのエリアを走っているので、どこから来るにもアクセスに困ることはまずない。

▶ Map P.131-D2

ユニオンスクエア
Union Square

ショッピング好きには見逃せない

SFイチの繁華街
ユニオンスクエアへ

ユニオンスクエア周辺はホテルやデパート、ショッピングモールが立ち並ぶSF随一の繁華街。人々の憩いの場となっているユニオンスクエアを起点に、買い物や食事を楽しもう

Column

見逃せない!
ケーブルカーの方向転換

ユニオンスクエア南側のマーケットストリートにあるケーブルカーの発着所では、ケーブルカーが折り返すために方向転換する様子が見られるのだが、これがなんと人力。回転レーンの上に乗ったケーブルカーが、スタッフに押されながらゆっくりと方向を変える様子は必見だ。ここを囲むように乗車の長い列ができている。

1 スタッフが力を込めて回転させている 2 周囲は観光客でごった返している

1 クリスマスには大きなツリーが立つことでも知られる 2 ハートのオブジェは慈善プロジェクトの一環なのだそう

1 買い物に疲れたらここでひと休み
ユニオンスクエア
📷 Union Square

中央の円柱は1898年の米西戦争時、フィリピンのマニラでの勝利を記念して建てられたもの。公園内にはパームツリーが植えられており、地元の人や観光客の憩いの場となっている。周囲に配置されたハートのオブジェは人気の撮影スポットで、デザインは時期により変わる。

▶ Map P.134-B1　住 333 Post St.

明るく入りやすい雰囲気

2 ショーケースにケーキがずらり
カフェ・マドレーヌ
☕ Café Madeleine

見た目が美しく味もおいしいケーキが人気のカフェ。キッシュやサンドイッチなどの軽食もあり、ふらりと立ち寄るのにいい。この周辺は観光客向けのレストランやファストフード店が多く、カジュアルなカフェがあまりないのでありがたい存在。

▶ Map P.134-B1

住 43 O'Farrell St. 📞 (1-415)362-1713
開 月～金7:00～18:00、土9:00～17:00
休 日 交 ユニオンスクエアより徒歩約6分
URL cafemadeleinesf.com

Union Square
ユニオンスクエア周辺

エンタメの前に
Tix Bay Areaをのぞこう!
野球やライブ、コンサート、ミュージカルなどの当日券を割安で販売している

\Check!!/

① ★ユニオンスクエア

② ★カフェ・マドレーヌ

③ ★スーパー・デューパー・バーガーズ

④ ★ナパバレー・ワイナリー・エクスチェンジ

ユニオンスクエア
Union Square

\Check!!/

ba パウエル・ストリート駅

0　　　　100m

● アップル・ストア

サックス・フィフス・アベニュー
Saks Fifth Avenue
高級路線の老舗デパート。定番の高級ブランドが入っており落ち着いた雰囲気

▶ Map P.134-B1

住 384 Post St. TEL (1-415)986-4300 営 月～水10:00～19:00(木～土～20:00) 休 祝 交 ユニオンスクエアより徒歩すぐ URL www.saksfifthavenue.com

Column

おしゃれをして出かけたくなる特別な空間

セレブ御用達の「ニーマン・マーカス」で優雅なアフタヌーンティーを
ニーマン・マーカスの最上階はラグジュアリーなカフェになっており、美しいガラスドームから光が差し込む開放的な雰囲気のなか優雅なティータイムを楽しめる。

ザ・ロタンダ・アット・ニーマン・マーカス
The Rotunda at Neiman Marcus

▶ Map P.134-B1

住 150 Stockton St. TEL (1-415)249-2720 営 日～水11:00～16:00(木～土～17:00)、アフタヌーンティーは14:00～16:00(金・土～17:00) 休 無休 交 ユニオンスクエアより徒歩約2分 URL www.neimanmarcus.com

メーシーズ Macy's
気軽に立ち寄れるカジュアルな雰囲気のデパートで、セールも頻繁に開催されている

▶ Map P.134-B1

住 170 O'Farrell St. TEL (1-415)397-3333 営 月～木・土10:00～21:00(金～22:00)、日11:00～19:00 交 ユニオンスクエアより徒歩すぐ URL www.macys.com

パウエルSt駅
名物ケーブルカーはここから発着
▶ Map P.134-B1

\Check!!/
ウエストフィールド・サンフランシスコ・センター
Westfield San Francisco Centre
カジュアルから高級ブランドまで幅広いショップが並ぶ大衆向けのショッピングモール
▶ Map P.134-B1

住 865 Market St. TEL (1-415)512-6776 営 月～土10:00～20:30、日11:00～19:00(冬季時間変更あり) 交 ミュニメトロ、バートPowell St.駅に直結 URL westfield.com/sanfrancisco

3 素材と新鮮さにこだわったグルメバーガー店
スーパー・デューパー・バーガーズ
Super Duper Burgers

スーパーバーガー（8オンス$8.25）かミニバーガー（4オンス$5.75）に、好みのトッピングを選ぶ。肉はジューシー、野菜もたっぷりで食べ応え十分。

▶ Map P.135-C1

住 721 Market St. TEL (1-415)538-3437 営 月～水8:00～23:00(木・金～23:30)、土10:30～23:30(日～22:00) 休 無休 交 ユニオンスクエアより徒歩約5分 URL www.superdupersf.com

1 トッピングはレタスやトマトなどの無料のものに加えてチーズやベーコンなど有料のものもある　2 地元の人でにぎわう人気店

4 ワインの専門家が相談にのってくれる
ナパバレー・ワイナリー・エクスチェンジ
Napa Valley Winery Exchange

気軽に飲める手頃なワインからビンテージなどの希少なものまで幅広く取り扱うワイン専門店。対応は日本語OKで日本への発送も可能。

▶ Map P.134-B1

住 415 Taylor St. TEL (1-415)771-2887 営 月～土10:00～18:00 休 日・祝 交 ユニオンスクエアより徒歩約7分 URL www.nvwe.com

日本への送料は1～2本で$45、6本$85、10～12本$125

お気に入りの1本を見つけてね

ファイナンシャルディストリクト＆エンバーカデロ

Financial District & Embarcadero

ファイナンシャルディストリクト＆エンバーカデロ

再開発で多彩な顔をもつ街へ

ビジネス街の活気を感じながら西海岸の食文化に迫ろう

ダウンタウンの東には銀行などの高層ビルが林立している。西海岸のウオール街とも呼ばれるエリアでSFのビジネスの活気を肌で感じよう。

フェリービルディングでは週に2回ほど無料のウォーキングツアーを開催している。詳細はsfcityguide.orgで確認を。

建物の先端の約65mは空洞になっているのだそう

AREA NAVI

☑ **どんなところ?**
SFの経済の中心ともいえるビジネスエリア。

💡 **散策のヒント**
平日の日中はビジネスマンが闊歩し活気にあふれているが、休日は人も少なくややさびしいイメージ。週末ならフェリービルディング周辺を中心に回るといい。

🚋 **交通メモ**
ケーブルカーのカリフォルニア線をはじめ、ミュニメトロ、ミュニバス、バートなどさまざまな交通機関でアクセスできる。

▶ Map P.131-D1

1 サンフランシスコのシンボル
トランスアメリカ・ピラミッド
Transamerica Pyramid

数ある高層ビルのなかでもひときわ目を引く三角形をした白いビル。1972年に完成した建物は、48階建てで高さは260m。窓の数は3678、総面積は約4万6450m²。トランスアメリカ・コーポレーションが所有しているが本社機能はない。残念ながらビルは一般には開放されていないので、外から美しい姿を観賞しよう。ノースビーチからきれいに見える。

▶ Map P.133-C3
🏠 600 Montgomery St. 🚌 ケーブルカーパウエル・メイソン線のPowell St.とWashington St. の交差するあたりで下車し、東へ4ブロック
URL www.pyramidcenter.com

2 SF随一のグルメスポット
フェリービルディング・マーケットプレイス
Ferry Building Marketplace

かつてフェリー乗り場として機能していた建物を、2003年に市場として改装。オーガニックや地産地消にこだわる食品やコスメを扱うショップや話題のレストランが集まっている。

新鮮な食材の宝庫だよ

▶ Map P.133-C3
🏠 1 Ferry Bldg. 📞 (1-415)983-8030 🕐 月～金10:00～19:00、土8:00～18:00、日11:00～17:00(店舗により異なる) 🚫 サンクスギビング、12/25、1/1 🚇 ミュニメトロ、バートEmbarcadero駅より徒歩約5分
URL www.ferrybuildingmarketplace.com

カジュアルなカフェから本格的なレストランまでバラエティ豊かなラインアップ

Column

オーガニックフードが揃う青空マーケットは火・水・土!

フェリービルディングの建物の前と海側で、週に3回開かれるファーマーズマーケットでは、青果やパン、スイーツなど地元の生産者による屋台がずらり。SFの人たちの食への意識の高さを垣間見られる。

▶ Map P.133-C3 ▶ Data P.28

毎回多くの人でにぎわう人気のマーケット

Finaicial District & Embarcadero

ファイナンシャルディストリクト＆
エンバーカデロ周辺

ジャクソンスクエア
Jackson Square

4 ← ラ・マー

1
★トランスアメリカ・ビラミッド

ファイナンシャルディストリクト
Financial District

2
→ フェリー
ビルディング・
マーケット
プレイス

3 サンフランシスコ
★鉄道博物館

5
★ニューツリー・カフェ

サウス・オブ・マーケット
South of Market

この時計塔
が目印

\Check!!

**大人も楽しい
体験型科学博物館**

広い館内にさまざまな体験型展示
があり、大人から子供まで時間を
忘れて楽しめる。木曜夜は大人向
けのイベントも開催。

エクスプロラトリウム Exploratorium
▶ **Map** P.133-C2 ▶ **Data** P.35

Column

**マーケットプレイスの
ディレクションは
アリス・ウォータース**

カリフォルニア料理の先駆者
「シェ・パニース（→P.40）」
のオーナーシェフがマーケット
のディレクター。

\Check!!

Amazon Go
最先端の技術が
体験できる話題
の無人コンビニ
▶ **Data** P.18

サードウェーブ
コーヒーで休憩しよう
フィルツコーヒー
SF発のコーヒーチェーン。
フレッシュミントを浮かべたコ
ーヒーが新感覚
▶ **Data** P.56

港に立つ巨大アート
キューピッド・スパン
ベイブリッジ北西のリンコンパ
ーク内にある巨大な弓矢は人
気の撮影スポット

オリジナルグッズも販売している

3 ミュニメトロの車両の
種類の多さにびっくり
📷 **サンフランシスコ
鉄道博物館**
San Francisco Railway
Museum

サンフランシスコの鉄道の
歴史をパネルや実物展示
で紹介する博物館。小さ
なスペースだが鉄道好きに
はたまらない内容なのでぜ
ひ立ち寄ってみよう。

出発進行！

▶ **Map** P.133-D3
🏠77 Steuart St. ☎(1-415)974-1948 開火〜
日10:00〜17:00 休月 料無料 交ミュニメトロ、
バー〜Embarcadero駅より徒歩約5分
URL www.streetcar.org/museum

窓の外には
海が広がっ
ている

4 地元の人にも評判
のいいレストラン
🍴 **ラ・マー** La Mar

サンフランシスコ湾に面したロケーシ
ョンで、海を眺めながら新鮮なシーフ
ードをいただける。人気メニューはセ
ビーチェと呼ばれる魚介のマリネ。ハ
ーブやスパイスを上手に使った繊細
な味付けで日本人の舌にもよく合う。

▶ **Map** P.133-C2

🏠Pier 1 1/2, The Embarcadero ☎(1-415)
397-8880 開ランチ月〜木11:30〜14:30（金
〜日〜15:00）、ディナー月〜金17:30〜21:30
（土・日17:00〜）休無休 交ミュニメトロ、バー
トEmbarcadero駅より徒歩約8分
URL lamarsf.com

地元の人たちの生活が見られるのも楽しい

5 使い勝手のいいカフェ
☕ **ニューツリー・カフェ**
New Tree Café

地元のビジネスマンが利用するコー
ヒーショップ。サンドイッチやサラダ、
スープなどの軽食もあるので、朝食
やランチを手早く済ませたいときにも
おすすめ。フェアトレードにこだわった
オリジナルのコーヒー豆やチョコレー
トはおみやげに最適。

▶ **Map** P.133-C3

🏠1 Ecker St. ☎(1-415)747-9871 開月〜金
7:00〜17:00 休土・日 交ミュニメトロ、バート
Montgomery駅より徒歩約4分
URL www.newtree.com

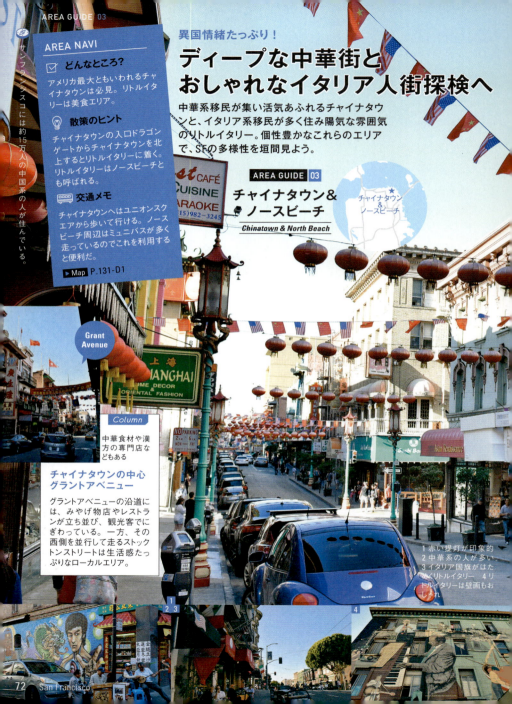

異国情緒たっぷり！

ディープな中華街と
おしゃれなイタリア人街探検へ

中華系移民が集い活気あふれるチャイナタウンと、イタリア系移民が多く住み陽気な雰囲気のリトルイタリー。個性豊かなこれらのエリアで、SFの多様性を垣間見よう。

AREA GUIDE 03

チャイナタウン＆ノースビーチ
Chinatown & North Beach

チャイナタウン＆ノースビーチ

AREA NAVI

☑ どんなところ？
アメリカ最大ともいわれるチャイナタウンは必見。リトルイタリーは美食エリア。

💡 散策のヒント
チャイナタウンの入口ドラゴンゲートからチャイナタウンを北上するとリトルイタリーに着く。リトルイタリーはノースビーチとも呼ばれる。

🚃 交通メモ
チャイナタウンへはユニオンスクエアから歩いて行ける。ノースビーチ周辺はミュニバスが多く走っているのでこれを利用すると便利だ。

▶ Map P.131-D1

サンフランシスコには約15万人の中国系の人が住んでいる。

Grant Avenue

Column

中華食材や漢方の専門店などもある

チャイナタウンの中心 グラントアベニュー
グラントアベニューの沿道には、みやげ物店やレストランが立ち並び、観光客でにぎわっている。一方、その西側を並行して走るストックトンストリートは生活感たっぷりなローカルエリア。

1 赤い提灯が印象的 2 中華系の人が多い 3 イタリア国旗がはためくリトルイタリー 4 リトルイタリーは壁画もおしゃれ

1
2
3

4

Chinatown & North Beach

チャイナタウン＆ノースビーチ周辺

ワシントンスクエアは市民の憩いの場

散歩するイタリア系の老人や太極拳に励む中国系の人々が見られ、ノースビーチらしさを感じられる

＼Check!／

"リトルイタリー"と呼ばれるノースビーチ

1860年代あたりまではこのあたりが海岸線であったため、今でもビーチという名前が残っている

＼Check!／

おしゃれな地区ジャクソンスクエア

1800年代の古いれんが造りの建物を利用したおしゃれなショップやカフェが並ぶ

＼Check!／

トランスアメリカ・ピラミッド撮影のベストスポット

ここから建物のほぼ根元から全体がきれいに見える

6 Lombard St.

7 ★ コイトタワー

★ ママズ・オン・ワシントンスクエア

5 ★ リグリア・ベーカリー

Union St.

ノースビーチ
North Beach

Green St.

4 ★ オリジナル・ジョーズ

Kearny St.

Montgomery St.

Sansome St.

Battery St.

Front St.

Davis St.

ジャクソンスクエア
Jackson Square

Mason St.

Powell St.

Vallejo St.

Stockton St.

Columbus Ave.

Grant Ave.

Broadway

3 ★ シティライツ・ブックス

Pacific Ave.

2 ★ フット・リフレクソロジー・センター

Jackson St.

チャイナタウン
Chinatown

中国病院

1 ★ 迎賓閣

Washington St.

ケーブルカー博物館
Cable Car Museum

Clay St.

Commercial St.

ここが住民が生活する通り

この通りが中華街の中心

● ウェルス・ファーゴ歴史博物館
Wells Fargo
History Museum

Sacramento St.

ハンティントンパーク
Huntington Park

California St.

● バンク・オブ・アメリカ
Bank of America

Taylor St.

Main St.

Pine St.

Kearny St.

ファイナンシャルディストリクト
Financial District

Bush St.

Sutter St.

Market St.

＼Check!／ 📷

チャイナタウンの入口ドラゴンゲート

チャイナタウンのシンボルであるゲートは1970年に台湾から寄贈されたもの

0 100m

歴史的な建物を利用した太平洋文化遺産博物館

もともとサンフランシスコで最初の造幣所（1854〜1874年）があった場所で、当時のれんが造りを再現した建物が使われている。館内1階と地下の一部は造幣所時代の様子が再現されている。

▶ Map P.133-C3

Pacific Heritage Museum
🏠 608 Commercial St. ☎ (1-415)399-1124 🕐 火〜土10:00〜16:00 🚫 日・月 🚇 チャイナタウンゲートより徒歩約8分
🌐 www.sanfranciscobay.com/museums/pacific-heritage-museum

建物は州の歴史的建築物

チャイナタウン

グラントアベニューで
お手頃ショッピング

チャイナタウンのメインストリートであるグラントアベニューには、キッチュなアジア雑貨から中華食材、漢方などの本格的な中華系アイテムまでずらり。定番のSFみやげも豊富に揃い、まとめて買えば値引き交渉に応じてもらえることもあるので気軽に聞いてみよう。中華まんやタピオカドリンクなど食べ歩きグルメも充実しているので、買い物のお供にぜひ。

1 手頃な商品が並ぶ　2 スパイスも豊富　3 活気あふれる青果店　4 掘り出し物を見つけよう

▶ Map P.132-B3

チャイナタウンのレストランの閉店時間は比較的早いので、夜は19時頃までには入店するように。

1 地元の人たちに人気の店　2 広々とした店内でゆったり食事が楽しめる

人気のエビシュウマイ

1 行列の絶えない人気店
迎賓閣
Great Eastern Restaurant

シーフード料理が人気の広東料理の店。前菜から北京ダックまでメニューがとにかく豊富で、予算はメインひと皿$11〜56。小籠包やシュウマイなどの飲茶の点心は毎日15:30〜22:00の提供でひと皿$8〜12。

▶ Map P.132-B3

住 649 Jackson St. 電 (1-415) 986-2500
開 月〜金10:00〜23:00 (土・日9:00〜)
休 無休 交 チャイナタウンゲートより徒歩約9分 URL www.greateasternsf.com

どの料理もボリューム満点

チャイナタウンの歴史〜時代に翻弄された移民たち

最初の移民が中国からやってきたときは小さなコミュニティにすぎなかったが、カリフォルニアで金鉱が発見されると、広東から多くの人々が、食糧不足やアヘン戦争を逃れ、船で渡米してくるようになった。その後、1882年の中国人排斥法の制定により移民たちは虐げられた生活を余儀なくされたが、1942年に成立した新しい移民法により移民禁止は解除され、市民権の取得も可能となった。1950年代になると中国の共産革命の影響もあり中国人移民がSFに大量に流入。1960年代にはチャイナタウンは観光のメッカとなり、現在は、全米でもニューヨークと1、2を争うチャイナタウンとして勢力を誇っている。

中国人だけのコミュニティが今でも続いている

2 散策の疲れを癒やすのにぴったり
フット・リフレクソロジー・センター
Foot Reflexology Center

グラントアベニューからジャクソンストリートを少し入った、チャイナタウンの中心部にあるマッサージ店。全身マッサージが60分$50、足裏マッサージが30分$25と手頃な値段で本格的な施術が受けられる。予約不要なのもうれしい。

▶ Map P.132-B3

住 662 Jackson St.
電 (1-415) 989-2268
開 毎日10:30〜21:00
休 無休 料 足ツボマッサージFoot Massage 60分$45 交 トランスアメリカ・ピラミッドより徒歩約9分

カジュアルで入りやすい雰囲気

1 Tシャツなどのオリジナルグッズも人気 2 SFを代表する歴史ある書店

3 ビートカルチャーの聖地
シティライツ・ブックス
City Lights Books

ビートニクの詩集を多く出版した詩人のロレンス・ファーリンゲティが始めた書店。スタッフは、詩や音楽などそれぞれの専門分野を担当し、知識も豊富。

▶Map P.132-B2
住 261 Columbus Ave. 電 (1-415)362-8193 開 毎日10:00～24:00 交 トランスアメリカ・ピラミッドより徒歩 約6分
URL citylights.com

Column
ノースビーチが生んだ一大文化
ビートカルチャーとは？

ジャック・ケルアックやアレン・ギーンズバーグなどの作品を通じて描かれた反骨精神や思想は、ビートカルチャーと呼ばれ当時の若者を魅了した。後にこの流れが、ヒッピーを生み出し、現在のロハスやサステナビリティといった思想へとつながったともいわれている。

4 ノースビーチ随一の人気店
オリジナル・ジョーズ
Original Joe's

地元の人でにぎわうイタリアンレストラン。おすすめメニューは、スパイスやハーブを駆使した肉料理$25～60やパスタ$19～30。ワインの種類も豊富だ。人気なので特にディナーは予約が必須。ラグジュアリーな雰囲気なので少しドレスアップして出かけよう。

▶Map P.132-B2
住 601 Union St. 電 (1-415)775-4877 開 月～金11:30～22:00、土・日10:00～22:00（ブランチ～15:00、ディナー15:00～） 交 トランスアメリカ・ピラミッドより徒歩約10分
URL originaljoes.com

1 ワシントンスクエアの前 2 ダイニングとバースペースに分かれている

5 焼きたてをほお張りたい
リグリア・ベーカリー
Liguria Bakery

1911年のオープン以来、地元の人に愛されているフォカッチャ専門のベーカリー。小麦の風味豊かでもっちり食感のフォカッチャ$5～6をベースに、プレーンやオニオン、レーズン、オリーブなど10種類が並ぶ。売り切れ次第閉店となり、午前中には閉まってしまうことも少なくないので、なるべく早めに訪れよう。

1 壁に描かれたイラストが目印 2 開店と同時に次々と常連客が訪れる

▶Map P.132-B2
住 1700 Stockton St 電 (1-415)421-3786 開 火～金7:00～14:00（土～12:00）休 日・月 交 トランスアメリカ・ピラミッドより徒歩約13分

6 おいしい朝食を食べるなら迷わずここ！
ママズ・オン・ワシントンスクエア
Mama's on Washington Square

ふわふわのパンケーキやエッグベネディクト、フレンチトーストなどが人気の、朝食とブランチのみ営業のレストラン。行列の絶えない店なので、時間に余裕をもって訪れよう。

1 ワシントンスクエアに面した小さな店 2 フルーツたっぷりのパンケーキ$12.50

▶Map P.132-B2
住 1701 Stockton & Filbert Sts. 電 (1-415)362-6421 開 火～日8:00～15:00 休 月 交 トランスアメリカ・ピラミッドより徒歩約11分
URL www.mamas-sf.com

7 街と海を見下ろす絶景スポット
コイトタワー
Coit Tower

テレグラフヒルの頂上に建つ、高さ210フィート（約64m）の塔。エレベーターと階段で頂上の展望台へ上ると、小さな窓で視野は広くないが、サンフランシスコの美しい街並みを一望できる。

▶Map P.132-B2
住 1 Telegraph Hill Blvd. 電 (1-415)249-0995 開 11～3月10:00～17:00（4～10月～18:00）休 サンクスギビング、12/25、1/1 料 大人$9、シニア（62歳以上）$6、12～17歳$6、子供（5～11歳）$2 交 トランスアメリカ・ピラミッドより徒歩約16分

1 360度広がる爽快な眺めが楽しめる 2 シンプルな円柱状のデザイン

内装もゴージャス！

1 ノブヒルの頂上にある
グレース大聖堂
Grace Cathedral

キリスト教監督派の全米の教会のなかでも3番目の大きさを誇り、ローマカトリックとプロテスタントの中庸をいくという教会。1849年に建立されたが1906年の震災で消失し、現在の建物は1964年に完成したもの。ゴシック建築の荘厳な建物と美しいステンドグラスが見もの。入口右側の部屋に展示されているキースヘリングの作品も必見だ。

▶ Map P.132-B3

住 1100 California St. 電 (1-415)749-6300 開 8:00～18:00(木～18:00、祝～16:00) 休 無 料 寄付(\$10～20のサジェスチョンあり) 交 ケーブルカー・カリフォルニア線California St. & Taylor St. 下車すぐ URL gracecathedral.org

縦書きテキスト：
ノブヒルの名前は「ネイバブNabob」という言葉に由来しており、"大金持ち"といった意味があるのだそう。

AREA GUIDE 04

ノブヒル＆ロシアンヒル
Nob Hill & Russian Hill

ケーブルカーはここで生まれた！
歴史遺産のある場所を優雅に巡ろう

見晴らしのいい丘の上に重厚な邸宅や高級ホテルが点在するノブヒル＆ロシアンヒル。セレブ御用達のおしゃれなショップやレストランをのぞきながら、彼らの優雅な生活を垣間見よう。

▶ Map P.131-C1

ノブヒル＆
ロシアンヒル

AREA NAVI

☑ **どんなところ？**

SF随一の高級エリア。見どころは少ないが、ダウンタウンを見下ろす景色は壮観。

💡 **散策のヒント**

このエリアの坂の勾配はきつく、徒歩で回るとかなり疲れる。こまめにケーブルカーを利用するなどして効率的に散策しよう。

🚋 **交通メモ**

目的地に合わせてケーブルカーの3路線を上手に利用しよう。ノブヒルに行くなら比較的すいているカリフォルニア線を使うと便利だ。

2 特別な日に利用したい
クラステイシャン
Crustacean

SF名物である小ぶりのカニのダンジネスクラブを提供する有名店。看板メニューのローストガーリッククラブは一食の価値あり。

▶ Map P.132-A3

住 1475 Polk St. 電 (1-415)776-2722
開 日〜木17:00〜20:00(金・土〜21:00)
休 無休 交 グレース大聖堂より徒歩約10分 URL crustaceansf.com

1 高級感あふれるインテリア
2 濃厚な味わいのダンジネスクラブ

も豊富です
ワインの種類

4 掘り出し物が見つかりそう
クリス・コンサインメント
Cris Consignment

高級ブランド専門の古着屋。服や靴、バッグなど状態のよい古着がところ狭しと並ぶ。

▶ Map P.132-A3

住 2056 Polk St. 電 (1-415)
474-1191 開 月〜土11:00
〜18:00(日12:00〜) 休 無
休 交 グレース大聖堂より徒歩約14分 URL www.crisconsignment.com

ドレスやアクセサリーもある

プラダのシャツ $195

小物も充実している

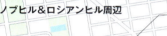

3 気取らない雰囲気が◎
スワン・オイスター・デポ
Swan Oyster Depot

1946年オープンの老舗オイスターバー。生ガキなどのおいしい魚介をリーズナブルに食べられると地元の人に大人気で、食事時は長い行列ができるほど。小さな店で席はカウンターのみ。

▶ Map P.132-A3

住 1517 Polk St. 電 (1-415)673-1101
開 月〜土10:30〜17:30 休 日 交 グレース大聖堂より徒歩約10分

1 週末は1時間以上並ぶこともあるとか 2 カキやカニ、エビなどどれも新鮮

\Check!/

ロンバードストリートで記念撮影
急カーブが続く人気の観光名所 
▶ Map P.132-A2
▶ Data P.12

Nob Hill & Russian Hill
ノブヒル&ロシアンヒル周辺

ロシアンヒル
Russian Hill

ノースビーチ
North Beach

Columbus Ave.

Polk St.
Larkin St.
Hyde St.
Leavenworth St.
Jones St.
Taylor St.
Mason St.
Powell St.
Stockton St.
Grant Ave.
Kearny St.

Green St.
★ クリス・コンサインメント 4
Vallejo St.
Broadway
Pacific Ave.
Jackson St.
Washington St.
クラステイシャン 2

チャイナタウン
Chinatown

Clay St.
Sacramento St.
ノブヒル
Nob Hill 1
★ グレース大聖堂
California St.

スワン・オイスター・デポ 3 ★

Pine St.
Bush St.
Sutter St.

0   200m

ケーブルカーの動力を目の当たりに
無料 SPOT
ケーブルカー博物館
ケーブルカーの構造や歴史を学べて興味深い
▶ Map P.132-B3
▶ Data P.12

ケーブルカーの全路線が交差
行き交うケーブルカーを見学するのも楽しい

\Check!/
おすすめ大パノラマ
ダウンタウンを一望する絶景スポット

フェアモント・サンフランシスコ
贅を極めたSFを代表する高級ホテル
▶ Map P.132-B3
住 950 Mason St.
電 (1-415)772-5000 交 グレース大聖堂より徒歩約2分 URL fairmont.jp

Column

ノブヒルの歴史ウオーキングツアーに参加しよう

歴史的な建物を解説付きで歩くツアーが開催されている。ボランティアのガイドが案内する人気のツアーで、無料で参加できる

[問い合わせ先]
SF シティガイド
SF City Guides
URL sfcityguides.org

開催は毎週水・木・日曜の14:00から

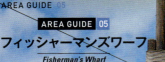

フィッシャーマンズワーフ
Fisherman's Wharf

ピアは霧がかかっていたり風が強いことも多く、他エリアより気温が低いので、羽織るものの用意を忘れずに。

観光も食もパワフル！
すべての楽しみが詰まったフィッシャーマンズワーフへ

イタリア人漁師の船着場として栄えたフィッシャーマンズワーフ。港町サンフランシスコを代表する見どころ満載の人気スポットを遊び尽くそう。

AREA NAVI

☑ どんなところ？

いつも多くの観光客でにぎわう人気の観光地。観光客向けの飲食店やショップが多い。

💡 散策のヒント

観光の中心はピア39からギラデリスクエアまでのエリア。この間はたくさんの店が並んでいていつも混雑している。

🖥 交通メモ ▶ Map P.131-C1

交通手段はケーブルカーが人気だが、長時間待たされることも。ミュニメトロも上手に利用しよう。

Column

名物シーフードを食べ歩き！@シーフード屋台街

フィッシャーマンズワーフの周辺には新鮮な魚介を提供する店が多い。きちんとしたレストランもいいが、安く済ませたいなら屋台がおすすめ。フィッシャーマンズワーフの看板周辺には屋台街があり、ショーケースにはカニやロブスターなどのシーフードが豪快に盛られている。屋台はたくさんあるので、気になったところに飛び込んでみよう。

\Check!!/

十分1食分のボリューム

ピア45の入口には屋台がいっぱい \Check!!/

ショーケースに料理が並んでいる店なら指差しオーダーもOK。量や値段を先にきちんと確認しておこう。

カジュアルな雰囲気の屋台街。クラムチャウダーも人気

いち押し屋台グルメ クラムチャウダー

酸味のあるパン、サワードゥブレッドを器にして、そこにチャウダーを入れるスタイルはここが発祥。価格は$10～15くらい。

---

1 船の形をした建物が目印
マリタイム・ミュージアム（海洋博物館）
Maritime Museum

海洋公園内の建物（アクアティック・パーク・バスハウス・ビルディング）は海洋博物館になっている。サンフランシスコの海の歴史にちなんだジオラマや船のモデルが展示されており興味深い。周辺は小さな砂浜になっており港を眺めるのにちょうどいい。

▶ Map P.132-A1

🏠 900 Beach St. ☎ (1-415)561-7100 ⏰ 毎日10:00～16:00 休 無休 料 無料 交 ギラデリスクエアより徒歩約3分 URL www.nps.gov/safr/learn/historyculture/bathhousebuilding.htm

アールデコ調のモダンな内装にも注目したい

金曜の夜は "OFF THE GRID" へ
さまざまな種類のフードトラックが集結する人気グルメイベント
▶Data P.53 /Check!/

ピア39にはメリーゴーラウンドも!
かわいらしいメリーゴーラウンドは写真映えもばっちり
/Check!/

人気ベーカリー、ボウディンの工場見学も!
酸味の効いたサワードゥブレッドを味わって
/Check!/

0 100m

サンフランシスコ湾
San Francisco Bay

6 ギラデリ・アイスクリーム&チョコレート・ショップ ★

5 ギラデリ・マーケットプレイス ★

8 ★ ブエナ・ビスタ・カフェ

4 クラブハウス・アット・ピア39

3 アシカセンター ★

ピア39

2 ★ アクアリウム・オブ・ザ・ベイ

ゴールデン・ゲート・ベイクルーズ
ピア41

ピア35

1 サンフランシスコ海洋国立歴史公園
S.F. Maritime
Nat'l Historical Park

マリタイム・ミュージアム ★
(海事博物館)

ギラデリスクエア

Jefferson St.

Beach St.

M Pier39

Taylor St.

Powell St.

Stockton St.

Mason St.

Grant Ave.

Kearny St.

North Point St.

Columbus Ave.

Leavenworth St.

Hyde St.

Larkin St.

Polk St.

Van Ness Ave.

Bay St.

マリーナ・ディストリクト
Marina District

コロンバス・アベニュー

7 ★ コスト・プラス・ワールドマーケット

ケーブルカー転車台

Chestnut St.

The Embarcadero

ノース・ビーチ
North Beach

Fisherman's Wharf
フィッシャーマンズワーフ周辺

趣ある建物に注目!

/Check!/
工場跡地を利用したモール、キャナリー
かつて缶詰工場だった建物を利用したショッピングモール

/Check!/
ここから出航!
アルカトラズ行きのフェリー
対岸に浮かぶアルカトラズ島へはここからフェリーで行くことができる

Pier 39

巨大エンタメ&ショッピングスポット
ピア39 Pier 39

もとは桟橋として使われていた海に細長く延びるスペースに、観光客向けのショップやレストラン、アトラクション施設など、60以上の店が集結している。

▶Map P.132-B1
🏠 Beach St. & The Embarcadero
☎ (1-415) 705-5500 開 毎日10:00～22:00、レストラン11:30～23:00（季節・店舗により異なる）休 無休 交 ミュニメトロPier39より徒歩すぐ URL www.pier39.com

/活気あふれる人気スポット/

カニのサインがお出迎え

巨大水槽ではサメやエイが泳ぐ

生き物の保護にも尽力
2 アクアリウム・オブ・ザ・ベイ
Aquarium of the Bay

比較的小規模な水族館だが、2万を超える海の生き物たちに出会えるほか水中トンネルも人気。

▶Map P.132-B1
🏠 Pier39（Beach St. & The Embarcadero）☎ (1-415)623-5300 開 毎日10:00～18:00 休 12/25 料 大人$27.95、シニア（65歳以上）$22.95、子供（4～12歳）$17.95、ファミリーチケット大人2人、子供（3～11歳）2人$75 交 ミュニメトロThe Embarcadero & Stockton St.より徒歩2分 URL www.aquariumofthebay.org

アシカの大群がくつろぐ様子は圧巻

野生のアシカが大集合
3 アシカセンター
Sea Lion Center

アクアリウム・オブ・ザ・ベイの監督のもと、ピア39に集まる野生のアシカを管理している。アシカの生態を説明する映像を流したり、アシカの骨格標本の展示もある。アシカは多いときで600頭近くいることも。

▶Map P.132-B1
🏠 Pier39、ビルKの2階 ☎ (1-415)705-5500 開 毎日10:00～17:00 休 無休 料 無料 交 ギラデリスクエアより徒歩16分 URL bayecotarium.org

日本語メニューがあるのもうれしい

シーフードがいっぱい
4 クラブハウス・アット・ピア39
Crab House at Pier 39

海を眺めながら食事が楽しめるシーフードレストラン。人気メニューはクラムならぬクラブチャウダー（カップ$10.99、ボウル$14.99）。カニ肉がたっぷり入ったうま味たっぷりの一品だ。

▶Map P.132-B1
🏠 203 C, Pier39 ☎ (1-415)434-2722 開 毎日11:30～22:00 休 無休 交 ギラデリスクエアより徒歩約16分 URL crabhouse39.com

フィッシャーマンズワーフはスリが多いので持ち物に注意して。

工場跡を改装したショッピングモール
Ghirardelli Square

ギラデリスクエア
Ghirardelli Square

1849年、イタリアから来たドミンゴ・ギラデリが製造を始め、今やサンフランシスコの名物にもなっているギラデリチョコレート。その工場の建物を改装し、現在はショッピングモールになっている。

▶ Map P.132-A1

住 900 North Point St. TEL (1-415)775-5500 開 毎日11:00～21:00(店舗により異なる。レストランは延長) 休 無休 交 ケーブルカーパウエル・ハイド線 Hyde St. & Beach St. より徒歩約3分 URL www.ghirardellisq.com

5 チョコレートの香りに包まれる幸せ空間
ギラデリ・マーケットプレイス
Ghirardelli Marketplace

ギラデリチョコレートが種類豊富に揃う。小分け包装されたさまざまなフレーバーのひと口サイズのチョコレートはバラマキみやげに最適。ラッピングもアメリカらしくてかわいい。

Map P.132-A1

住 ギラデリスクエア内 TEL (1-415)447-2846 開 毎日8:30～22:00 休 無休 URL www.ghirardelli.com

フレーバーの種類も豊富

れんが造りの建物

ボリューム満点なデザートメニューがたくさん

6 アメリカらしい豪快スイーツ
ギラデリ・アイスクリーム＆チョコレート・ショップ
Ghirardelli Ice Cream & Chocolate Shop

ギラデリチョコレートを使ったスイーツが食べられる。おすすめは、ワールド・フェイムス・ホット・ファッジ・サンデー$11.95。

Map P.132-A1

住 ギラデリスクエア内 TEL (1-415)474-3938 開 日～木9:00～23:00(金・土～24:00) 休 無休

オリーブオイル / KETTLE / San Francisco / NOTEBOOK / GOLDEN GATE SPRING FACTS

カリフォルニア発メーカーのコーヒー各$5.99とノート$10.99

7 いいおみやげがきっと見つかる
コスト・プラス・ワールドマーケット
Cost Plus World Market

お菓子やお酒といった食品から雑貨や日用品まで扱う、ホームセンターのような趣の店。観光地にあることもあり、観光客向けの商品も充実しており、ゴールデン・ゲート・ブリッジが描かれたノートやコースター、おみやげに最適なマグカップなど豊富に揃う。サンフランシスコやカリフォルニア産のコーヒーやオリーブオイルなどは小さめの袋や瓶に入れられているので持ち帰りやすい。

▶ Map P.132-B1

住 2552 Taylor St. TEL (1-415)928-6200 開 月～土10:00～21:00、日10:30～19:00 休 無休 交 Pier39より徒歩約10分 URL www.worldmarket.com

---

船上から眺めるSF
湾内クルーズを満喫!

時間があればサンフランシスコ湾を1時間かけてゆっくりと回るクルーズもおすすめ。海の上から見るゴールデン・ゲート・ブリッジやアルカトラズ島は、陸から見るのとは趣も迫力も異なる。

サンフランシスコのシンボルを真下から見上げられる

Column

ゴールデン・ゲート・ベイクルーズ
Golden Gate Bay Cruise

ウオーターフロントやアルカトラズ島を回り、ゴールデン・ゲート・ブリッジの真下を通り抜ける。船上では日本語対応の専用ヘッドフォンで、サンフランシスコの歴史などのナレーションが聞ける。

▶ Map P.132-B1

Pier43 1/2から出航。TEL (1-415)673-2900 開 毎日10:00(夏季9:15～)から8～12便 休 12/25 料 大人$34、5～17歳$25 URL redandwite.com

ウイスキーのいい香り

8 趣ある老舗カフェ
ブエナ・ビスタ・カフェ
Buena Vista Cafe

1889年オープンの歴史のあるカフェ。ウイスキーベースにコーヒーと砂糖、生クリームを加えたホットカクテル、アイリッシュコーヒーの元祖として知られる。1階のバーは昼間からほろ酔い気分の客でいっぱい。食事も充実しており、ランチメニューは$15～24、BLTサンドは$14.95。

▶ Map P.132-A1

住 2765 Hyde St. TEL (1-415)474-5044 開 9:00～翌2:00(土・日8:00～) 休 無休 交 Pier39より徒歩約14分 URL www.thebuenavista.com

ほんのりビターなオトナの味♡

歴史を感じるインテリア。バーテンダーが作る本格的なカクテルもおすすめ

必見 ALCATRAZ ISLAND

断崖絶壁の牢獄島に上陸!

アルカトラズ島大解剖

アルカトラズ島は、フィッシャーマンズワーフの沖約2.5kmに浮かぶ、かつての連邦刑務所があった島。凶悪犯を含む1576人の囚人たちが収獄された当時の趣を今に伝えている。

▶ Map P.129-B1
URL www.nps.gov/alca

Check!! 島へのアクセスは、ツアーで!

所要約3時間

▼予約方法は3つ

1 ウェブサイト
URL www.alcatrazcruises.com

2 電話
TEL (1-415)981-7625 OPEN 毎日8:00～19:00(太平洋時間) ※ファミリーチケットの購入は電話のみ

3 Pier33のチケット売り場
住 1398 The Embarcadero OPEN 7:30～19:00 交 ミュニメトロE・F線The Embarcadero & Bay St. 駅より徒歩すぐ

●アルカトラズ島ツアー

開 Pier33を毎朝9:00前後に出航、20～30分ごとに運航(季節により異なる) 休 サンクスギビング、12/25、1/1 料 デイツアー大人$39.90～92.30、5～11歳$24.40～52.40 交 島への上陸はホーンブロワー・クルーズ＆イベント社のフェリーを利用(事前予約必須)。島へは片道約20分。出発はPier33
URL www.alcatrazcruises.com

❶ 船着場

当時囚人が島に降り立った桟橋は現在はフェリーの発着所

❷ ドック

かつての陸軍兵舎は、今は1階が本屋やギフトショップになっている

❸ 衛兵所

1857年に建設された防衛設備付きの兵舎は島内でいちばん古い建物

❽ セルハウス

アルカトラズ島の牢獄は独房を備えていることからこう呼ばれる。1909～1912年に囚人によって造られた

島内はこうなっている!

見どころ POINT

❻ 灯台

高さ約25mの灯台は、現在もアメリカ沿岸警備隊によって使用されている

❹ ミリタリーチャペル

住居や学校として使用。一見優雅なデザインからこう呼ばれる

❺ 雑貨店

1934年まで兵士のための雑貨店だった

❼ 刑務所長邸

全島を見下ろすことができる場所に立つ豪華な建物

Check!! 収監された有名囚人

マフィアの帝王、アル・カポネや、密造酒の製造や強盗など多くの犯罪を犯したマシンガン・ケリーなどが有名。

Column アルカトラズ島からの脱出

脱獄は不可能!

脱出を図った囚人は合計36人。島を取り巻く速い潮流と7～10℃の低水温のため泳いで脱出することは不可能だった。

脱獄事件は映画にもなっている

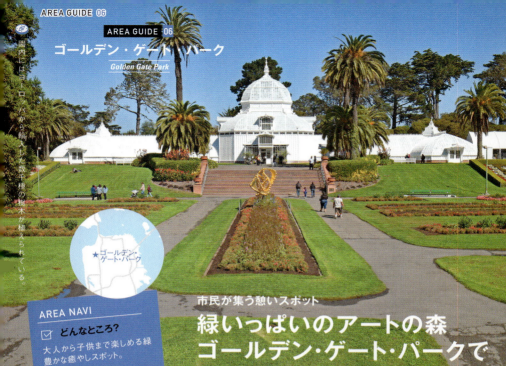

AREA GUIDE 06

ゴールデン・ゲート・パーク
Golden Gate Park

国内にはヨーロッパから輸入した数千種の樹木が植えられている。

★ ゴールデン・
ゲート・パーク

AREA NAVI

☑ **どんなところ?**
大人から子供まで楽しめる緑豊かな癒やしスポット。

💡 **散策のヒント**
公園内はとにかく広い。散歩がてら歩くのも気持ちいいが、効率的に移動したければレンタサイクルや園内を走る無料シャトルも上手に利用しよう。

🚃 **交通メモ**
公園の南側を走るミュニメトロを使うといい。園内のどの施設に向かうのかで利用する停留所は変わるので、行き先や回り方を事前に決めておくとスムーズだ。
▶ Map P.130-AB2

市民が集う憩いスポット

緑いっぱいのアートの森
ゴールデン・ゲート・パークで
リラックス

造成された公園としては世界一の規模を誇る広大な公園は、地元の人たちの憩いの場。
点在する見どころを回りながら自然のパワーをたっぷり浴びよう。

広大な敷地内に見どころがたくさん
ゴールデン・ゲート・パーク
Golden Gate Park

長さ(東西)5km、幅(南北)800mの細長い形の公園で、広さはなんと日比谷公園の約25倍。利用者も年間1300万人を超えるのだとか。緑あふれる園内には、美術館や博物館、植物園などの文化施設が点在している。

▶ Map P.130-AB2

🏠 501 Stanyan St. ☎ (1-415)831-2700
🕐 毎日5:00〜24:00 休 無休 🚃 ミュニメトロN線9th Ave. & Irving St. 駅より徒歩約3分 URL goldengatepark.com

1 地元の人たちが思いおもいの時間を過ごす　2 きれいに手入れされた庭園　3 ピクニックも楽しそう　4 水族館もある

1　2　　　3　　　4

\Check!!
地上144フィートの展望塔！
デ・ヤング美術館の9階は展望塔になっており、ガラス張りのフロアから周囲を一望できる
▶ Data P.36

ユニークなデザインの建物が目を引く

▶▶所要 6～7時間
おすすめコース ☑
10:00　花の温室
11:00　ローズ・ガーデン
11:30　日本庭園
12:00　サンフランシスコ樹木園
13:00　デ・ヤング美術館
15:00　カリフォルニア科学アカデミー

私たちの自慢の公園♪

Golden Gate Park
ゴールデン・ゲート・パーク周辺

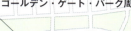

ゴールデン・ゲート・パーク

Fulton St.
0　　　200m
Stanyan St.

Park Presidio Bypass

① 花の温室

J.F.K. Dr.

② ローズ・ガーデン ★

J.F.K. Dr.
リリー池
Lily Pond
マクラーレン・ロッジ
McLaren Lodge

③ デ・ヤング美術館
De Young Museum

日本庭園 ★

⑤ ★ カリフォルニア科学アカデミー

Crossover Dr.

ストウレイク
Stow Lake

ストロベリー・ヒル
Strawberry Hill

エルク・グレン湖
Elk Glen Lake

Martin Luther King Jr. Dr.

④ サンフランシスコ樹木園 ★

ケザー・スタジアム
Kezar Stadium

Lincoln Way

23rd Ave.
22nd Ave.
19th Ave.
18th Ave.
17th Ave.
16th Ave.
15th Ave.
14th Ave.
12th Ave.
11th Ave.
10th Ave.
9th Ave.
8th Ave.
7th Ave.
6th Ave.
5th Ave.
4th Ave.
3rd Ave.
2nd Ave.

Irving St.
Funston Ave.

Irving St. & 9thy Ave. Ⓜ
Irving St. & 7th Ave. Ⓜ
Irving St & 4th Ave. Ⓜ
Irving St. & 2nd Ave. Ⓜ

Carl St. & Hillway Ave. Ⓜ

Judah St.

自転車で楽々移動♪

\Check!!
人気ウオーキングコース
ストウレイク
公園のほぼ中央に位置するストウレイクではボートの貸し出しもある

\Check!!
パーク散策のあとは、Irving St. でショッピングも楽しい！
各種ショップが並ぶにぎやかな通り。国際色豊かな飲食店も軒を連ねる

\Check!!

屋上に緑が広がる不思議な光景

芝生に覆われたハイテクエコな屋根「リビングルーフ」に注目
植物によって覆われたカリフォルニア科学アカデミーの建物の屋根には、内部を快適に保つためのエコでハイテクなシステムが採用されている。

\Check!!
How to Walk

想像以上に広いよ！

ロコに混じってランニングもアリ

● **広大な敷地、どうやって回る？**
徒歩で回りきるのは難しいので工夫が必要。

● **時間がないときは？**
欲張らずに目的地を絞ってゆったり回ろう。

● **レンタサイクルや無料シャトルを使おう**
土・日曜、祝日は園内を無料シャトルが運行している。

レンタサイクル店は公園の周辺や園内にいくつかある

大小さまざまな食虫植物も展示されている

1 珍しい草花に出合える
花の温室
📷 Conservatory of Flowers

1879年に創設された温室で、園内にある建物のなかで最も古い歴史をもつ。ビクトリア様式の白亜の建物は"水の宮殿"と呼ばれるほど優美な存在感を放っている。広い館内には世界中から集められた約2000種類以上の熱帯植物や花が植えられている。ウェブサイトで現在咲いている花の種類をチェックできる。

▶ Map P.130-B2

🏠100 JFK Dr. ☎(1-415)831-2090 🕐火〜日10:00〜18:30 🚫月、おもな祝日 💰大人$7、シニア(65歳以上)・学生(12〜17歳)$5、子供(5〜11歳)$2。毎月第1火曜は入場無料
URL www.conservatoryofflowers.org

1 室内はテーマによっていくつかの部屋に分けられている 2 シンメトリーな美しい建物 3 見たことのない植物を間近に観察できる

2 バラの美しさにうっとり
ローズ・ガーデン
📷 Rose Garden

さまざまな種類のバラが一堂に見られるのが魅力。春から夏にかけて見頃を迎えると、世界中から集めた色とりどりのバラが美しく咲き乱れ、周囲は華やかな香りで包まれる。入口はPark PresidioとFulton St.の角でわかりづらいので、看板を見落とさないように注意して。

それほど広くはないがたくさんの種類のバラが植えられている

▶ Map P.130-B2

🕐毎日6:00〜22:00

3 心落ち着く静かな空間
日本庭園
📷 Japanese Tea Garden

カリフォルニア万国博覧会が開催された1894年に造られた。日本人の萩原真がレイアウトを担当し、園内には五重塔や仏像まである。東屋では庭園を望みながらお茶やお菓子を食べることもでき、親日家の多いサンフランシスコで人気のスポットとなっている。

▶ Map P.130-B2

🏠75 Hagiwara Tea Garden Dr. 🕐毎日9:00〜17:45（冬季11〜2月は〜16:45）🚫無休 💰大人$7、シニア(65歳以上)・学生(12〜17歳)$5、子供(5〜11歳)$2
URL japaneseteagardensf.com

1 急勾配の橋は人気の撮影スポット 2 パーク内に重厚な門が突如として現れる 3 和の世界観が見事に再現されている

日本の魅力を再確認できる

デ・ヤング美術館も忘れずに!

リニューアル時に設計を担当したのは、世界的に有名な建築デザイン集団、ヘルツォーク&ド・ムーロン。ユニークな形の建物自体も一見の価値がある。野外の彫刻庭園にはイサム・ノグチなどの作品が並び、世界各地から集められたテキスタイル(織物)コレクションも見応えあり。

▶Data P.36

センスのよいカフェやミュージアムショップものぞいてみよう

---

4 巨木が育つ広大な樹木園
サンフランシスコ樹木園
San Francisco Botanical Garden

世界中から集められた珍しい植物や樹木を、それぞれの地域ごとに分類し育てている。植物にはそれぞれ名前が表示されているのでわかりやすい。毎日13:30から所要約60〜90分の無料ツアーも開催されているので、時間があれば参加してみよう。

▶Map P.130-B2

住 1199 9th Ave. 電 (1-415)661-1316 開 毎日9:00開園で、閉園時間は3月第2日曜〜9月は18:00、10〜11月初旬と2月〜3月第2日曜は17:00、11月〜1月第1日曜は16:00 休 無休 料 大人$7、シニア(65歳以上)・学生$5、子供(5〜11歳)$2 URL www.sfbg.org

1 植物好きにはたまらない空間 2 巨大なレッドウッドが生い茂る森 3 芝生も多いのでお弁当を持って訪れてもよさそう

---

5 科学を楽しく学べる
カリフォルニア科学アカデミー
California Academy of Sciences

環境に優しいエコな博物館として2008年のオープン以降世界中の注目を集めている。館内には熱帯雨林の巨大な温室や水族館などさまざまな施設があり、世界でも類を見ない博物館の域を超えた大型施設となっている。なかでもNASAの最新データを忠実に再現したプラネタリウムは必見だ。

▶Map P.130-B2

住 55 Music Concourse Dr., Golden Gate Park 電 (1-415)379-8000 開 月〜土9:30〜17:00(日11:00〜) 休 無休 料 大人$34.95、シニア(65歳以上)・学生・12〜17歳$34.95、4〜11歳$24.95 URL www.calacademy.org

恐竜の骨格標本がお出迎え

3 体験プログラムも充実 4 巨大水槽は見もの

1 館内中央に透明カプセルのような温室がある 2 水中トンネルも幻想的

ランチにおすすめ
ザ・テラス
The Terrace

カリフォルニア科学アカデミー内のダイニング。地元で取れた食材を使った創作料理はどれもフレッシュな味わい。公園内は飲食店が少ないので、美術館や博物館内のカフェやレストランを利用しよう。

盛りつけもセンスがいい

▶Map P.130-B2

電 (1-415)379-8000 開 毎日11:00〜14:30(土・日〜15:30) 休 無休 URL calacademy.org/dining

1 四方がガラス張りの開放的な空間 2 家族連れも多くにぎやかな雰囲気

1 観光の起点はここ
ブリッジウエイ
📷 *Bridgeway*

海岸沿いに延びるサウサリートのメインストリート。わずか1kmの通りに、カフェやギャラリー、アンティークショップ、レストランなどが並んでいるので、まずはこの通りから歩き始めよう。

▶**Map** P.87

🚇 フェリーターミナルよりすぐ

日中は多くの観光客でにぎわっている

AREA GUIDE 07
サウサリート
Sausalito
→ サウサリート

〔縦書き左余白〕
サウサリートは自転車で行くこともできる。詳細はP.14を参照。

自然に囲まれゆったり
ベイエリアのリゾート地で
優雅にのんびり大人時間

サンフランシスコの対岸にあるサウサリートは、人々がゆったりと暮らす姿が印象的。そんな空気に身を任せて時間に追われず気ままに過ごすのが、このエリアの正しい過ごし方だ。

---

2 海に関するアイテムがたくさん
サウサリート・フェリー・カンパニー
✉ *Sausalito Ferry Co.*

サウサリートみやげにぴったりな小物や、海をイメージした雑貨やおもちゃなどがところ狭しと並ぶ。SFをモチーフにしたTシャツの種類も豊富でユニークなデザインも多い。

▶**Map** P.87

🏠 688 Bridgeway, Sausalito ☎ (1-415)332-9590 🕐 毎日9:30〜20:00
🈺 無休 🚇 フェリーターミナルより徒歩約2分
🌐 www.sausalitoferry.com

ブリッジウエイ沿いの好立地

サウサリートの風景が描かれたマグカップ

1 ゆるめのデザインがかわいいTシャツ　**2** ステッカーの種類も豊富

フェリーで行こう!

ピア1（▶**Map** P.133-D3）にあるフェリービルディングからゴールデン・ゲート・フェリーが出ているほか、フィッシャーマンズワーフのピア41（▶**Map** P.132-B1）からはブルー&ゴールド・フリート▶**Data** P.17のフェリーが運航されている。

ゴールデン・ゲート・フェリー
Golden Gate Ferry

所要
約30分

休日は混むので事前に予約をしておくと安心

🏠 Pier1のフェリービルディングから出港 ☎ (1-415)455-2000 📞 511 💴 大人$12.50、シニア(65歳以上)・子供(6〜18歳)$6.25、クリッパーカード使用時$6.75 🌐 www.goldengateferry.org

---

3 行列のできるハンバーガー店
ハンバーガーズ
🍴 *Hamburgers*

回転する鉄板でハンバーガーの大きなパテを焼いているのが店の外から見え食欲をそそられる。ボリューム満点のハンバーガーはチーズバーガー、ハワイアンバーガーが人気で$8.40〜で、テイクアウトもOK。

▶**Map** P.87

🏠 737 Bridgeway, Sausalito ☎ (1-415)332-9471 🕐 毎日11:00〜17:00 🈺 無休
🚇 フェリーターミナルより徒歩約3分

ジューシーなパテが豪快に焼かれる

おしゃれな邸宅も見応えアリ！
サウサリートは高級住宅街でもある
ため豪邸がたくさん /Check!\

Sausalito
サウサリート周辺

サンフランシスコへ→
（フェリービルディング）

サウサリート

AREA NAVI

どんなところ？

サンフランシスコの対岸にある
芸術家や音楽家が静かに暮ら
す小さな町。

散策のヒント

自分の足で十分回れる規模で
はあるが、1日満喫したいなら
レンタサイクルを利用するとち
ょうどいい。

交通メモ

フェリーのほかに、バスでアクセ
スも可能。ゴールデン・ゲート・
トランジットの2、30、92番がサ
ウサリートのダウンタウンまで行
く。30番は毎時1本運行。

▶ Map P.129-A1

0 50m

（地図内の表記）
ボートハウスへ←
ロビン・スウィニー・パーク
自転車道 Bicycle PATH
⑤ ★ジーアール・ダノ・ブティック・アンド・デザイン・スタジオ
Litho St.
Locust St.
Caledonia St.
Pine St.
Turney St.
Bonita St.
Johnson St.
San Carlos Ave.
ブリッジウエイ Bridgeway Blvd
ハリソンアベニュー
Harrison Ave.
① ブリッジウエイ
サウサリート・ヨットハーバー
④ ★ポッジョ・トラットリア
🛈観光案内所
ミュアウッズ行きシャトルバス停
バス停（降り場）
③ ★ハンバーガーズ
ゴールデンゲートトランジットバス乗り場（SF行き）
ナパバレー・バーガー・カンパニー P.17
🛈観光案内所
サウサリート・フェリーターミナル
② ★サウサリート・フェリー・カンパニー
ラッパーツ・アイスクリーム P.17
Princess St.
ゴールデン・ゲート・ブリッジへ→
スコマズ P.51
\Check!/

街の中心は
ヴィーニャ・デル・マル公園
フェリー乗り場の近くにある小さ
な公園は、散策のひと休みに最
適だ

サンフランシスコの
街を望む絶景スポット
行き交うフェリーやサンフランシスコ
の街を望む展望スポット

---

4 ムード満点の特別空間
🍴 ポッジョ・トラットリア
Poggio Trattoria

ブリッジウエイのカーサ・マドローナ・ホテ
ル＆スパ内にある観光局おすすめのレスト
ラン。サンフランシスコ湾を望むセンスのよ
い店内で本格的な北イタリア料理を楽しめ
る。ディナーメイン&22～34。

▶ Map P.87

🏠 777 Bridgeway, Sausalito ☎〈1-415〉332-7771
🕐 日～木6:30～21:30（金・土～22:30） 🈺 無休
🚉 フェリーターミナルより徒歩約2分
🌐 www.poggiotrattoria.com

天気がよければテラス席も気持ちがいい

---

5 洋服の制作風景も見られる
🏠 ジーアール・ダノ・ブティック・
アンド・デザイン・スタジオ
GR. Dano Boutique and Design Studio

オーナー自らデザインしたセンスのよい洋
服や小物が揃う。エレガントでありなが
ら遊び心のあるデザインの洋服は、普
段着からパーティーシーンまでさまざまなシ
ーンで活躍しそう。

▶ Map P.87

🏠 325 Pine St., Sausalito ☎〈1-415〉
331-7969 🕐 火～土11:00～17:00
🈺 日・月 🚉 フェリーターミナルより徒
歩約10分 🌐 www.grdano.com

路面店はここだけ

1 セール品もあるので要チェック　2 バッグ$45もオ
リジナル　3 シャツ$68

Column

海の上で暮らす?!
観光客にも公開！ボートハウス

海岸沿いに浮かぶ海上住宅。海に突
き出した家には税金がかからないことか
らこのスタイルが生まれ、あっという間
に増えたのだそう。

▶ Map P.87域外

🏠 1 Issaquah Dock, Sausalito
🚉 フェリーターミナルから自転車で約10分

住宅なので静かに見学しよう

Column

ここにある巨木レッドウッドは高さが80mにもなる世界最大の植物。

ミュアウッズ国定公園
Muir Woods National Monument

かつて大規模に伐採されたレッドウッドの森が残る貴重な場所。

ミュアウッズ・ビジターセンター
Muir Woods Visitor Center

▶ Map P.129-A1

住 1 Muir Woods Rd., Mill Valley 電 (1-415) 388-2595 開 夏季毎日8:00～20:00 (冬季毎日～17:00。季節によって変更あり。ビジターセンターは30分前に閉館) 料 大人$15、15歳以下無料 URL www.nps.gov/muwo

ACCESS
● 車 US101号線を北上して45分。
● バス 週末はシャトルバスが運行。

SFから45分で行けちゃう！

ミュアウッズ国定公園で森林浴

ナチュラリスト、ジョン・ミュアの名前が付けられた森は、気軽に大自然に触れることができる絶好のスポット。

★ミュアウッズ国定公園

予約は必ず入れよう！

HOW TO 歩き方

予約方法
自然への負担軽減のために入場制限を行っている。シャトルバス、または駐車場の予約が必要。

電 (1-800)410-2419 口頭で予約を申し込める
URL gomuirwoods.com クレジットカードが必要

1 予約してビジターセンターへ
＼情報収集はココで！／

MAPも必ずゲット

本格的ハイカーは有料の地図（$1）を買おう

Muir Woods

2 いざ 森へ出発！

3 森林浴を満喫

シカに遭遇

必見！

上/野生動物に出合うかも
右/下から見上げる巨木

小川に沿ってトレイルがあり気持ちがいい

もっと山歩きを楽しむなら

尾根を越えて続くトレイルへ
ここから標高749m、眺望抜群のMount Tamalpaisまでハイキングすることができる。 ▶ Map P.129-A1

事前に Check!! 森林浴を満喫するためのアドバイス

● **気候や服装は？**
気候は市内とほぼ同じ。ただ市内が霧に包まれているときにこちらは晴れていることもある。園内のトレイルは整備されているので歩きやすい靴があればOK。

● **園内でのマナーは？**
リラックスするためにここを訪れる人のために、静かな環境を守ることを心がける。ゴミを持ち帰るのはマナーというより常識。

● **市内発のツアーも！**
毎日9、11、14時発。所要約3時間30分のツアーで、2時間弱園内で過ごせる。公園を出たあとはサウサリートで降りることも可能。 URL towertours.com

SAN FRANCISCO
SHORT TRIP

Yosemite National Park,Lake Tahoe,
Sacramento,Mendocino etc.

サンフランシスコからのショートトリップ

サンフランシスコから少し足を延ばせば、
カリフォルニアの雄大な大自然が待っている。
レンタカーを借りて、ドライブ旅行を楽しもう。

神々しいほどの自然美にあふれる

圧巻の世界遺産
ヨセミテ国立公園へ

高さ1000mを超える垂直の岩壁と
その足下を流れる静かな渓流。
自然の美しさが凝縮された国立公園。

（縦書き左余白）
2018年までの公園を訪れた人は約400万人、全米の国立公園で第6位の入園者数。

ヨセミテ国立公園
Yosemite National Park

アメリカの自然保護運動の父、ジョン・ミュアをして
「自然の造った最高の宝物」と言わしめた場所。
すばらしい景色だけでなく、ハイキングやカヌーな
どさまざまなアクティビティも楽しめるスポットとし
て世界中から多くの人が訪れる。

開24時間 休無休 圍入園料は車1台$35、バイク1台$30、バス・
自転車・徒歩は1名$20、7日間有効 URL www.nps.gov/yose

ヨセミテへはレンタカーか
ツアーが便利

公共交通機関がないので、自分で
運転していくのがいちばん楽。レン
タカーなら、ヨセミテバレー以外のス
ポットへの行動範囲が広がる。

車 サンフランシスコから約5時間。市街地を抜ければ混
雑しない。公園周辺は急坂で、冬は雪道となるので危険。

アムトラック＋バス 長距離バス（グレイハウンド）も利用
可。マーセドまで行き、そこからシャトル（Yarts）を利用。

ツアーに参加
サンフランシスコから多数あり。日帰りのツアーもあるが
公園滞在より移動時間のほうが長いので最低1泊で。

ACCESS

基本情報 → Q&A

・ベストシーズンは？
雪が解けて花が咲き始める5月初旬から紅葉も美しい10月中旬まで。足が確保できるならば、雪に覆われた冬の公園の美しさは特筆もの。

・気候や服装は？
谷底にあるヨセミテバレーの標高が約1200m。夏でも朝晩はけっこう冷える。山の中なので大きな寒暖差に対応できるような重ね着が基本。

・回り方のコツは？
広大な公園。すべてを回ることは不可能。ヨセミテバレーを拠点に使える時間と見どころの位置関係を考えてから動き出そう。

・入園料は？
車1台$35、バイクは1台$30。自転車、徒歩、またはツアーに参加してバスで入園する場合$20。いずれも1回の入園料で7日間滞在できる。

・食事や買い物はできる？
ヨセミテバレー内のヨセミテビレッジやカリー・ビレッジに小さなスーパーがある。バレー内にはホテル内のものも含め、レストランは数軒ある。

・宿泊施設は？
ヨセミテバレーに集中しており、それ以外のエリアはキャンプ場以外ほとんどない。公園のすぐ外側の町にはモーテルなどがある。

\着いたらまずは観光案内所へ/

情報はここで手に入れよう！
ヨセミテ・バレー・ビジターセンター
Yosemite Valley Visitor Center
公園に着いたらまず立ち寄りたいスポット。園内のイベント、交通機関のスケジュール、道路状況、ツアーなどの情報が入手できる。 
URL www.nps.gov/yose
Map P.93
住ヨセミテ・ビレッジ内 TEL(1-209)372-0200 開毎日9:00～17:00(夏季～19:00) 休無休

四季折々の美しさが魅力！ Column

春 3～5月。気温が上がるとバレーに霧が立ち込める。雪が解け始め、滝が眠りから覚める。

夏 6～8月。雪解け直後の豪快な滝は7月半ばには水が涸れてしまうが、緑の谷の風景が印象的。

秋 9～10月。木々が色づく時期は公園が最も色彩にあふれる。気温が徐々に下がり冬の気配が。

冬 11～2月。標高の高い場所では11月には初雪が。それから3月までモノトーンの静かな世界が広がる。

絶対ハズセない
必見ポイント5

広大な公園のすべてを見るのは不可能。
優先順位をつけてスケジュールを考えたい。

レンタカーなら公園の北部を東西に横断しているタイオガパス・ロードを走ってみたい。

クライマーは3〜6日間かけて登頂する

年にもよるが7月半ばには涸れてしまう

POINT 1
アメリカで一番の滝
ヨセミテ滝
Yosemite Falls
▶Map P.92

カリー・ビレッジからもよく見え、滝つぼまで歩いていくことができる。3段に分かれた滝の落差を合わせると落差739m。これは全米で最も落差のある滝になる。

Yosemite Valley Map

ヨセミテ滝 1
エルキャピタン 2
ヨセミテバレー・ロッジ H
トンネル・ビュー 3
ワウォナ・ホテルへ H
エルキャピタン・シャトル

POINT 2
圧巻の大絶壁
エルキャピタン
El Capitan ▶Map P.92

垂直に切り立った約1000mの壁をもつ世界最大の花崗岩の一枚岩。世界のロッククライマーの憧れの地で、岩に取りつく人の姿が見られる。

POINT 3
ヨセミテで最も知られた景色
トンネル・ビュー
Tunnel View ▶Map P.92

文字どおりトンネル入口から見たヨセミテバレーの全景。左のエルキャピタン、右のハーフドームに挟まれ、正面にブライダルベール滝。緑の谷を岩峰が囲む絶景だ。

公園内で一番人気のフォトスポット

オススメ

大自然の中でトライしたいアクティビティ
ヨセミテバレーではハイキング以外にもたくさんのアクティビティが楽しめる。詳しくは公園のウェブサイトを参照のこと。

 ●ラフティング [Total 2時間] バレー中央を流れるマーセド川ですばらしい風景のなかでの川下り。
開5月下旬〜7月(年による) 料$28.50(ライフジャケット込)、体重22.7kg未満の子供は不可 URL www.travelyosemite.com/things-to-do/rafting

 ●ロッククライミング [Total 3時間] あらゆるレベルのクライマーが集まる。初心者用レッスンもあり。
開6〜10月(天候による) 料1人$172〜215 URL www.travelyosemite.com/things-to-do/rock-climbing

 ●サイクリング [Total 3時間] バレー内は起伏が少なく、道も整備されているので快適。
開春〜秋 料1時間$12、1日$34 URL www.travelyosemite.com/things-to-do/biking

1 ヨセミテバレーから見上げても美しい山
2 トレイルの最後は急斜面を上るこんな道

POINT 4

ヨセミテのアイコン
ハーフドーム
Half Dome

丸いドームを半分に切り落としたような岩山で、麓から頂上までの標高差は1443m。壁の裏側にはワイヤーが張られたトレイルがあり登頂可能。

▶ Map P.93

Check!!
体力があれば挑戦したいハーフドーム登頂
谷底から往復22km、標高差1500m、約12時間のトレイルは技術より体力が必要な山登り。

ヨセミテビレッジ
ハーフドーム 4
H アワニー・ホテル
ヨセミテ・バレー・ビジターセンター
H カリー・ビレッジ
ヨセミテバレー・シャトル
5 グレイシャー・ポイント

バレーを無料シャトルが巡回しているよ
通年運行のシャトルバスがあり、6〜10月はエルキャピタン行きの便も。
7:00〜22:00 無料

POINT 5

ハーフドームが目の前に
グレイシャー・ポイント
Glacier Point

シエラネバダの山々が見渡せる

カリー・ビレッジの頭上にある展望ポイントでハーフドームが目の前。ハーフドームが夕日に赤く染まる時間帯がベスト。バレーからトレイルも延びているので、車がなくても行ける。

▶ Map P.93

Check!!
☑ ビジターセンターでは「Yosemite Guide」を必ず入手しよう。
☑ 11〜5月は積雪のため道路閉鎖など交通が制限される。
☑ 夏季はヨセミテバレー以外のポイントへのシャトルバスあり。

SFから　1泊2日モデルコース

1日目	2日目
7:00 SFを出発	7:00 ホテルを出発
12:00 ヨセミテ入園	8:00 ツアーに参加
13:00 カリー・ビレッジでランチ	14:00 ヨセミテを出発
14:30 ハイキングへ	19:00 SFへ
18:00 ホテルへ	

予約はお早めに！

公園内で宿泊するなら

世界中から人が訪れる人気の国立公園であり、予約なしでの宿泊はまず不可能。予約の受付は1年前からできるので、できるだけ早く手配をすること。

予約先はAramarkへ Free (1-888) 413-8869 TEL (1-602) 278-8888 URL www.travelyosemite.com

公園一の高級ホテル
アワニー・ホテル The Ahwahnee Hotel

重厚な外観と豪華な内装。施設、サービス、立地すべてが最高。

▶ Map P.93

料 S518〜650 交 観光案内所よりヨセミテバレー・シャトルで約3分 客 123室 WiFi 無料

森の中のキャンバスキャビン
カリー・ビレッジ Curry Village

自然が身近に感じられるテントキャビンなど、数種類の部屋がある。

▶ Map P.93

料 ホテル$238〜260、バス付きキャビン$208〜217（バスなし$152〜163、テント$119〜163）交 観光案内所よりヨセミテバレー・シャトルで約6分 客 481室 WiFi 無料

エコフレンドリーの人気ホテル
ヨセミテバレー・ロッジ Yosemite Valley Lodge

広い客室と開放感のあるロッジスタイルが人気。レストランを併設。

▶ Map P.92

料 $278〜298 交 観光案内所よりヨセミテバレー・シャトルで約3分 客 245室 WiFi 無料

公園南部の歴史あるホテル
ワウォナ・ホテル The Wawona Hotel

ヨセミテバレーから車で約1時間。趣のあるレトロな木造の建物。

▶ Map P.92域外

料 バス付き$181〜196、バスなし$117〜153 交 観光案内所より車で約1時間 客 104室 WiFi 無料

1年中楽しめるレイク・リゾート

驚きの透明度
宝石のような湖レイク・タホ

シエラネバダ山脈にあるカリフォルニアで
2番目に大きな湖。美しい景観もさることながら
さまざまな楽しみにあふれるリゾートエリアだ。

冬季にはマイナス20度を下回るが水流があるため全面的に凍ることはない。

ACCESS

🚙 レイク・タホへのドライブ

サンフランシスコからサウス・レイク・タホまで3時間30分〜4時間。I-80号線で東に向かい、サクラメントからUS50号線を走るルートが最速。最後の1時間はカーブの多い山道。

車以外のアクセス

長距離バスでTruckeeまで行き、そこで乗り換え湖北部のタホ・シティまで行くことは可能だが、7〜9時間かかる。

レイク・タホ
サクラメント
サンフランシスコ

AREA 1

湖最大のリゾートエリア

サウス・レイク・タホ
South Lake Tahoe

湖のいちばん南にあって、カリフォルニア州とネバダ州の州境に位置する。カジノを備えた大型ホテルや周辺で一番大きなスキー場、ヘブンリーバレーがあるリゾートエリア。

1 ネバダ州側にあるカジノホテル。1階に誰でも入れるカジノがある
2 静かなレイクサイド・ビーチ 3 カジュアルな服装でも大丈夫

レイク・タホ　Lake Tahoe

夏の間、抜群の透明度を誇る湖ではさまざまな
ウォータースポーツが楽しめ、雪に覆われる
冬はアメリカを代表するスキーリゾートになる。
周辺の山でハイキングなどを楽しむもよし、
夜は着飾ってカジノに出かけることも可能だ。

Lake Tahoe Area Map

←サクラメントへ

トラッキー
Truckee

キングス・ビーチ
Kings Beach

タホ・シティ
Tahoe City

カリフォルニア州

レイク・タホ
Lake Tahoe

ネバダ州

→カーソンシティへ

エメラルドベイ
Emerald Bay

サウス・レイク・タホ
South Lake Tahoe

South Map

ネバダ州

レイク・タホ

サウス・レイク・タホ

カリフォルニア州

ヘブンリー・スキーリゾート

Lake Tahoe Data

大きさ	南北約35km 東西19km
面積	490km²（全米31位、3分の2がカリフォルニア州、3分の1がネバダ州）
平均水深	約300m
最大水深	501m（全米2位）
湖岸線	114km
標高	1897m
貯水量	150km³（5大湖に次いで全米6位）

AREA 2

水が流れ出る唯一の場所
タホ・シティ
Tahoe City

ホテルや店が数軒並ぶだけの小さな町。湖から流れ出す唯一のトラッキー川の河口がある。1960年の冬季オリンピックの会場となったスコーバレー・スキー場がすぐ近くにある。

湖の流水量をコントロールするダムがある

AREA 3

湖北部の静かな別荘地帯
キングス・ビーチ
Kings Beach

カリフォルニア州側にある静かなコミュニティ。小規模なロッジや店はあるが、別荘やセカンドハウスが多い保養地。湖に面して自家用の桟橋がある豪華な別荘が並ぶ。

カヤックなどのアクティビティが楽しめる

夏のレイク・タホ

水温は夏でも20度以下なので泳ぐのは厳しいが、さまざまなウオータースポーツが用意されている。周辺の山にはたくさんのハイキングコースがあり、スキー場は夏の間はマウンテンバイクのダウンヒルコースとなっている。

湖から流れ出すトラッキー川は西に向かわず北東に流れ、ネバダ州のピラミッド湖に流れ込む

SUP
Stand Up Paddleの略で、世界中で人気のアクティビティ。波がないので初心者でも簡単。

水がキレイで気持ちイイー!

夏のアクティビティ

ハイキング
ヘブンリーバレーなら夏季運行のゴンドラで山上に上り、歩いて下りてくることができる。

カヤック
初心者でも難しくない。慣れてくるとおもしろいように水上を自由に動き回れる。

マウンテンバイク
スキーと同じでコースにもさまざまな難易度がある。自転車に乗れれば誰でも楽しめる。

レイク・タホのおすすめスポット

外輪船でレイク・クルーズ

\Check!!/

湖一の絶景ポイント、エメラルド・ベイを訪れる。船はクラシックな外輪船で所要約2時間。通年営業だが、オフシーズンは1日1便。ビュッフェ形式のランチも付けられる。
URL www.zephyrcove.com/cruises/

1 スプラウト
Sprouts　　　　　　　レストラン

オーガニック食材を使った地元で評判のカフェ。野菜いっぱいのサンドイッチやバーガーが人気でメニューの種類が驚くほど多い。

▶ Map P.95

住3123 Harrison Ave., South Lake Tahoe 電(1-530)
541-6969 開毎日8:00〜20:00(夏季は〜21:00) 休無
休 交Explore Tahoe Visitor Centerより車で4分
URL www.sproutscafetahoe.com

1 通りに面した店の前にはテラス席がある　2 サンドイッチやバーガーは$8〜12。スムージーも人気

2 アスール・ラテン・キッチン
Azul Latin Kitchen　　　レストラン

サウス・レイク・タホのいちばんにぎやかなヘブンリービレッジにあるカリフォルニアメキシカン。スポーツバーのような雰囲気が楽しい。

▶ Map P.95

住292 Kingsbury Grade, Stateline, South Lake Tahoe
電(1-530)541-2985 開月〜木11:00〜21:00(金〜
22:00)、土10:00〜22:00(日〜21:00) 休無休
交Explore Tahoe Visitor Centerより徒歩3分
URL azullatinkitchen.com

1 テラス席のそばにはライブステージがある　2 フードだけでなくドリンクメニューも豊富

冬のレイク・タホ

冬でも凍らない 美しい湖を見下ろしながら豪快に
斜面を滑り下りる爽快感。ヘブンリーバレーを
筆頭に湖の周辺には10カ所以上のスキー場が
ある。アフタースキーも、グルメ、ショッピング、
カジノなど、とても充実している。

美しい秋のレイク・タホ

9月下旬になると冷え込みが厳しく
なり、湖周辺の木々が色づき始め
る。人も少ないこの時期は、美しい
紅葉を眺めながら静かに湖を楽し
むには絶好の季節だ。

冬の
アクティビティ

スノーモービル

アメリカでは免許
がなくても運転可
能。ガイドの説明
をしっかり聞いて
走り出そう。

湖に向かって
レッツゴー！

スノーシュー

深い雪の上も歩
けるスノーシュー。
湖岸や森の中で
の散歩はいろいろ
な発見がある。

ダウンヒル・スキー

数えきれないスロープ
の種類があり、どんなレ
ベルのスキーヤーやボ
ーダーも楽しめる。

---

3 ビッグ・ビスタ
Big Vista　ショップ

地元のアーティストがデザインするTシャ
ツやパーカーなどのカジュアルウエア。デ
ザインに加え、染色、素材や縫製のよさも
自慢。

▶ Map P.95

住4101 Lake Tahoe Blvd., South Lake Tahoe
電(1-870)701-5200 開毎日10:00～22:00 休無休
交Explore Tahoe Visitor Centerより徒歩1分
URLbigvista.com

1 Tシャツが$40～、パーカーは$70～。小物もあり　2 プリントシャツは手染めの風合いがいい

4 クライズ・コーヒー・ロースティング・カンパニー
Clyde's Coffee Roasting Co.　カフェ

ネバダ州側にあるオリジナルローストコー
ヒー。ファミリービジネスならではのアット
ホームな雰囲気のカフェ。コーヒーだけで
なく、フードのメニューも豊富。

▶ Map P.95

住292 Kingsbury Grade, Stateline, South Lake
Tahoe, NV 電(1-775)580-6399 開毎日6:00～
16:00 休無休 交Explore Tahoe Visitor Centerより
車で4分 URLclydescoffee.com

山小屋風の
建物が目印

5 レイク・タホ・リゾート・ホテル
Lake Tahoe Resort Hotel　ホテル

州境沿いのカリフォルニア州側にある。
すべての部屋がスイートタイプでかなり広
く、吹き抜けのホールで朝食が食べられ
る。

▶ Map P.95

住4130 Lake Tahoe Blvd.,
South Lake Tahoe
URLwww.tahoeresorthot
el.com 室400

1 通りを挟んで反対側にはカジノを備えたホテル
がある　2 客室に囲まれた吹き抜けのホール

ゴールデン・ステートの州都
サクラメントで
ゴールドラッシュの
歴史に触れる

19世紀半ばに起こったゴールドラッシュの
拠点として発達し、現在は州の政治の中心。
昔の街並みが再現された旧市街が見どころ。

アメリカでは州でいちばん大きな都市は州都でないことが多いが、サクラメントは州で7番目の大きさ。

ACCESS

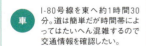

車 I-80号線を東へ約1時間30分。道は簡単だが時間帯によってはたいへん混雑するので交通情報を確認したい。

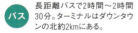

バス 長距離バスで2時間～2時間30分。ターミナルはダウンタウンの北約2kmにある。

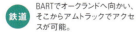

鉄道 BARTでオークランドへ向かい、そこからアムトラックでアクセスが可能。

1 吹き抜けになっている中央ホールからツアーがスタートする　2 建物の外観を飾る彫刻のレプリカ

1 カリフォルニア州議会議事堂
California State Capitol

全米人口最多の州にふさわしい、大理石の重厚な建物。立ち入りできない部分もあるが、基本的に内部には無料で自由に入れる(セキュリティチェックあり)。ツアーに参加すれば歴史的にも建築的にも非常に価値のある建物をよりよく知ることができる。

▶Map P.99

住1315 10th St. Room B-27, Sacramento 電(1-916)324-0333 開月～金7:30～18:00、土・日9:00～17:00 休サンクスギビング、12/25、1/1 料無料 交Sacramento Valley駅より徒歩16分 URLcapitolmuseum.ca.gov

●パブリックツアーについて
建物中央のホールを毎正時スタート。館内の建築的な特徴や展示されている美術品、歴史などをていねいに解説してくれる(英語)。

開毎日9:00～16:00(地下室B-27のツアーオフィスは9:00～17:00)

2 オールド・サクラメント
Old Sacramento

数ブロックにわたって19世紀の街並みが復元されているエリア。ショップやレストランも充実しており、さまざまなイベントも行われる。

▶ Map P.99

🏠 1002 2nd St., Sacramento 📞 (1-916) 445-7387 🚌 Sacramento Valley駅より徒歩7分 URL www.oldsacramento.com

18世紀の街を歩こう

\ Check!! /

リバー・クルーズ
往時はSFから上ってくる蒸気船の重要な港だった。今は川から街を眺めるクルーズが出ている。

まずここのビジターセンターに立ち寄りたい

3 サクラメント歴史博物館
Sacramento History Museum

街の歴史をたどる博物館。昔の日用品などの展示があるが、目玉はゴールドラッシュのエピソード。実物の金塊も展示されている。

▶ Map P.99

🏠 101 I St., Old Sacramento 📞 (1-916) 808-7059 🕐 毎日10:00～17:00（最終入場は～16:30) 🚫 サンクスギビング、12/24・25、1/1 💰 大人(18歳以上)$8、子供(6～17歳) $5.5歳以下は無料 🚌 Sacramento Valley駅より徒歩6分 URL sachistorymuseum.org

1 展示スペースは2階建て
2 本物の金塊を間近に

4 カリフォルニア州立鉄道博物館
California State Railroad Museum

サクラメントは大陸横断鉄道の西の出発地。広い展示スペースに本物の機関車や客車が多数並んでおり、展示内容も多岐にわたる。

▶ Map P.99

🏠 125 I St., Sacramento 📞 (1-916)323-9280 🕐 毎日10:00～17:00 🚫 サンクスギビング、12/25、1/1 💰 大人$12、子供(6～17歳) $6.5歳以下は無料 🚌 州議事堂より車で5分 URL www.californiarailroad.museum

1 大陸横断した機関車
2 街一番の見どころ

[Map]

サクラメント川

Sacramento Valley駅

③ ④
②
オールド・サクラメント歴史地区
ゴールデン1センター
⑥
⑦
サクラメント・コンベンションセンター
①
⑤
カリフォルニア州議会議事堂

H St. 9th St. 10th St. 12th St. 14th St. 15th St.
C St. D St. E St. G St. I St. J St.
The Mall ザ・モール
L St. N St. P St.
Q St. 13th St.
2nd St. 3rd St. 7th St. 8th St.

0　200m

5 カフェテリア15L
Cafeteria 15L

15th & L St.の角。単純な名前とは正反対で豊富なメニューとリサイクル素材を使った凝ったインテリアは地元で大人気。

▶ Map P.99

🏠 1116 15th St., Sacramento 📞 (1-916)492-1960 🕐 ランチ月～金11:30～14:00、ディナー月～木17:00～21:30(金～23:00)、土16:00～23:00(日～20:00)、ブランチ土・日9:00～15:00、ハッピーアワー月～金16:00～19:00 🚫 無休 🚌 州議会議事堂より徒歩10分 URL cafeteria15l.com

カジュアルなアメリカ料理。予約必須

6 テンプル・コーヒー・ロースターズ
Temple Coffee Roasters

2005年に最初に店を出して、現在サクラメントに6店を展開。コーヒーのクオリティはもちろん、広い店内と接客が自慢。

▶ Map P.99

🏠 1010 9th St., Sacramento 📞 (1-916)443-4960 🕐 毎日6:00～18:00 🚫 無休 🚌 州議会議事堂より徒歩6分 URL templecoffee.com

紅茶やペストリーもおいしい

7 アンディーズ・キャンディ・アポセカリー
Andy's Candy Apothecary

見ているだけで楽しくなる種類豊富なチョコやキャンディ。地元のグルメツアーにも組み入れられる家族経営の明るい店。

▶ Map P.99

🏠 1012 9th St., Sacramento 📞 (1-916)905-4115 🕐 月～金10:00～18:00(土10:30～)、日11:00～17:00 🚫 無休 🚌 州議会議事堂より徒歩6分 URL www.andyscandystore.com

おみやげによさそうなものもいっぱい

Pacific Coast Highwayを北へ

太平洋を望む
小さな海辺の街
メンドシーノへ

PCHには魅力的な小さな街が点在している。
太平洋からの潮風が吹き抜けるメンドシーノは、
上品で、静かな、どこか懐かしい雰囲気が漂う街。

ナパやソノマの北にあるメンドシーノ郡もワインの産地。特にオーガニックワインが知られている。

1 2 3 4

ACCESS

ドライブガイド

海岸線を走るPCH（CA-1号線）だけを使ってメンドシーノに向かうと、SFから所要約5時間。US-101線経由だと1時間以上時間を短縮できるので、スケジュールに合わせてドライブルートを考えたい。

メンドシーノ
サクラメント
サンフランシスコ
太平洋

1 メンドシーノ・コースト・ボタニカル・ガーデンズ
Mendocino Coast Botanical Gardens

荒波が打ち寄せる海岸線の風景、太平洋岸の原生林、よく手入れされた美しい庭園など、さまざまな植生と景色が見られる、約19ヘクタールの広大な植物園。

▶ Map P.101域外

住 18220 North Highway 1 Fort Bragg 電 (1-707) 964-4352 開 3〜10月9:00〜17:00（6〜8月の金・土〜19:00）、11〜2月9:00〜16:00 休 労働者の日の午後、サンクスギビング、12/25 料 大人（15歳以上）$15、シニア（65歳以上）$12、子供（6〜14歳）$8.5、5歳以下無料 交 メンドシーノから車で15分
URL www.gardenbythesea.org

1 植物園の一部とは思えないドラマチックな海岸線　2 季節ごとに目玉になる花が育てられている

2 ポイント・キャブリロ・ライト・ステーション
Point Cabrillo Light Station

1909年から稼働する現役の灯台で、周辺を含め州立歴史公園になっている。灯台の近くにある古い建物は宿泊施設になっており、誰でも利用が可能。

とても絵になる灯台

▶Map P.101域外

住145300 Lighthouse Rd., Mendocino 電(1-866)937-6123 開毎日11:00～16:00 休無休 交メンドシーノから車で5分 URLpointcabrillo.org

1 街の人口は約900人。太平洋に面したやや高台の土地に白壁の家が並ぶ　2 穏やかな気候を求め芸術家が多く住む街にはギャラリーやセンスのいい雑貨屋が並ぶ　3 背の高いビルなどは1棟もなく、青空に映える白い壁の家が多い　4 Main St.沿いに立つレストランの窓の外は太平洋の風景

メンドシーノ・ヘッドランズ州立公園

Lansing St.
Palette Dr.
Little Lake Rd.
スーパーマーケット
Shoreline Hwy
Little Lake St.
Kasten St.
Ford St.
Calpella St.
Ukiah St.
Howard St.
Albion St.
Woodward St.
Heeser St.
Main St.
教会
ケリー・ハウス博物館
ポイント・メンドシーノ・トレイル

0　200m

---

3 フロー・レストラン
Flow Restaurant

2階にある店から太平洋が一望のもと。イタリアンを中心にメニューは豊富。日没の時間に予約をしたい。

▶Map P.101

住45040 Main St., Mendocino 電(1-707)937-3569 開月～木11:00～20:30(金～21:30)、土9:00～9:30(日～20:30) 休無休 URLmendocinoflow.com

テラス席もある

4 フォグ・イーター・カフェ
Fog Eater Cafe

北カリフォルニア産オーガニック食材を使ったベジタリアンレストラン。家庭的な雰囲気が心地いい。

▶Map P.101

住45104 Main St., Mendocino 電(1-707)397-1806 開水～日17:00～21:00、ブランチ日10:00～14:00、ハッピーアワー水～金16:00～17:00 休月・火 URLfogeatercafe.com

1 入口はAlbion St.側
2 おすすめプレート$20

5 メンドシーノ・ジャムズ・アンド・プリザーブズ
Mendocino Jams & Preserves

どのジャムもおいしいよ！

自然素材のみを原料にした無添加ジャムが自慢。常時30～40種類ある豊富な品揃えがうれしい。

▶Map P.101

住440 Main St., Mendocino 電(1-707)937-1037 開火～土10:00～17:00、日・月11:00～16:00 休無休 URLmendocinojams.com

おみやげに最適

6 コンパス・ローズ・アメリカン・クラフツ
Compass Rose American Crafts

この街で40年以上営業を続ける手作りクラフト店。飽きのこないデザインの革製品がおすすめ。

▶Map P.101

住45150 Albion St. #613, Mendocino 電(1-707)937-5170 開10:00～18:00 休日、祝日 URLなし

1 店内で加工している
2 Main St.側の入口

7 ブルー・ドア・イン
Blue Door Inn

ビクトリアンスタイルの一軒家のB&B。バスケットに入れられた各部屋に届けられる朝食が自慢。

▶Map P.101

住10481 Howard St. Mendocino 電(1-707)937-4892 料S$129～、WS$159～ URLwww.bluedoorgroup.com/

1 白壁の美しい建物
2 どの客室も余裕の広さ

SHORT TRIP 05 サンフランシスコからの小旅行

モントレー&カーメル

Monterey & Carmel ▶Map P.128-A

モントレーとカーメルの間、モントレー半島にあるパシフィック・グローブも美しい街。

Pacific Coast Highwayを南へ
イワシ漁で栄えた古きよき港町と芸術家タウンを巡る

サンフランシスコから南へ約200km、
日帰りドライブでも楽しめる
潮風が心地いいふたつのリゾートタウン。

モントレー Monterey

1950年頃まで全米有数の漁港として栄えていたが、(おもにイワシの)水揚げの激減により街は停滞。その後操業を停止した缶詰工場の跡地に開いたレストランを足がかりに徐々に街は復活し、今日のにぎやかなリゾートへ変貌した。

モントレー観光案内所
Monterey Visitors Center

▶Map P.102

住401 Camino El Estero, Lake El Estero, Monterey 電(1-888)221-1010 開毎日10:00〜18:00 休イースター、サンクスギビング、12/25、1/1 交モントレーベイ水族館より車で8分 URLwww.seemonterey.com

車 サンフランシスコからPCHを南下して所要約2時間30分。そのほか複数のルートあり。

バス 直通はないので複数のバスを乗り継ぐ。サンフランシスコ空港発直通のシャトルが便利。

ツアーに参加
市内発の日帰りツアーがある。ツアーの時間は10〜12時間で水族館の入場は含まれない。

サンフランシスコ
太平洋
モントレー&カーメル ★

---

1 レトロな雰囲気が漂う
キャナリーロウ
Cannery Row

スタインベックの小説のタイトルにもなったところ。もとはイワシの缶詰工場があった場所で今はショップやレストランが並ぶにぎやかな通り。かつての工場の建物をそのまま利用している。

▶Map P.102

住Cannery Row & Wave St., Monterey 電(1-831)649-6690 開店舗により異なる 休店舗により異なる 交モントレーベイ水族館より車で3分 URLcanneryrow.com

1 600mほどの通りの両側に店が連なる
2 缶詰工場の中にはショッピングモールが

魚介料理のいい香りが漂う。サンフランシスコのそれと比べると小規模

2 かつての桟橋
フィッシャーマンズワーフ
Fisherman's Wharf

かつて漁船が水揚げをした桟橋は、今やギフトショップやシーフードレストランが軒を連ねるツーリストスポット。

▶Map P.102

🏠1 Old Fisherman's Wharf, Monterey 📞(1-831)649-6544 🕐店舗により異なる 休無休 🚃モントレーベイ水族館より車で8分 URLwww.montereywharf.com

3 街一番の見どころ
モントレーベイ水族館
Monterey Bay Aquarium

全米有数の水族館。モントレー湾を再現した巨大水槽「ケルプの森」や幻想的な姿で漂うクラゲの展示は見逃せない。ラッコの水槽も人気。

▶Map P.102

🏠886 Cannery Row, Monterey 📞(1-83*)648-4800 🕐毎日9:30〜18:00（夏季の土は〜20:00、冬季10:00〜17:00）休12/25 💴大人$49.95、シニア(65歳以上)・学生$39.95、子供(3〜12歳)$29.95 🚃フィッシャーマンズワーフより車で8分 URLwww.montereybayaquarium.org

年間通して楽しめる
ホエールウオッチングクルーズ
\Check!/

海洋生物が豊かなモントレー湾では1年中クジラを観察するツアーが行われている。運がよければ目の前でジャンプする姿が見られる。

モントレー・ホエールウオッチング
Monterey Whale Watching

▶Map P.102

🏠96 Fisherman's Wharf, #1, Monterey 📞(1-831)372-2203 🕐毎日9:00, 10:00, 12:30, 15:30発。夏季は増発。スケジュールはウェブで要確認。所要2時間30分 休無休 💴大人$50〜70、子供(3〜11歳)$35〜55 URLwww.montereywhalewatching.com

---

カーメル　Carmel

正式な街の名前は"Carmel by the Sea"。文字どおり海辺にある落ち着いた街。景観条例のおかげで統一のとれた美しい街並みが保たれており、多くのアーティストが住む所として知られている。

ACCESS

🚗 モントレーの中心からカーメルの街の中心まで約12分。モントレー半島を周遊すると有料道路を含め約1時間。

🚌 サンフランシスコからの直通バスやシャトルはないので、モントレー発の公共バスMSTバスを利用する。

カーメル観光案内所
Carmel Visitors Center

▶Map P.103

🏠Carmel Plaza, 2F , Ocean Ave. & Mission St., Carmel 📞(1-831)624-2522 🕐月〜土10:00〜17:00、日11:00〜16:00 休おもな祝日 🚃カーメルプラザの2階 URLwww.carmelcalifornia.org

1 街でいちばんにぎやかなスポット
カーメルプラザ
Carmel Plaza

にぎやかなオーシャンアベニュー沿いにある、約35店と小規模ながら、厳選されたショップやレストランが集まるモール。

▶Map P.103

🏠Ocean Ave. & Mission St., Carmel 📞(1-831)624-0138 🕐月〜土10:00〜18:00、日11:00〜17:00（店舗により異なる）休無休 🚃カーメル観光案内所と同じ建物 URLwww.carmelplaza.com

2 最も美しいミッションといわれる
カーメル・ミッション・バジリカ
Carmel Mission Basilica

18世紀にスペインの修道士によって現在のカリフォルニア州内に建てられた21のミッション（伝道所）のひとつ。

▶Map P.103

🏠3080 rio Rd., Carmel 📞(831)624-1271 🕐9:30〜17:00 休イースター、サンクスギビング、クリスマス、年末年始 🚃カーメルプラザから徒歩15分 URLwww.carmelmission.org

おすすめ! Column

カリフォルニア随一の美しい夕日観賞を

オーシャンアベニューの西端にあるビーチ。白砂と紺碧の海が見られる昼間もいいが、海に夕日が沈む頃の美しさも一見の価値あり。

カーメルビーチ　Carmel Beach

▶Map P.103

🏠Ocean Ave & Scenic Rd. Carmel-by-the-Sea, Carmel 📞(1-831)624-2522 🚃カーメルプラザより車で7分 URLwww.carmelcalifornia.com/carmel-beach.htm

— Pacific Coast Highway —

カリフォルニアで最も人気があるシーニックドライブルート

パシフィック・コースト・ハイウェイ
ドライブガイド

サンフランシスコ発で一番のおすすめドライブルートが、海岸線を走る州道1号線、通称Pacific Coast Highwayだ。

メンドシーノ
Mendocino
▶P.100

レッドウッドのトンネルを走るカーブが多い道

ポイント・アリーナ Point Arena
岬の突端に立つ灯台が絵になるスポット。灯台そばにある建物には宿泊が可能。

海岸線に沿ったり、離れたりして、延々と続く1本道

サンフランシスコから北へ
景観のよさは折り紙付きのルート。ゴールデン・ゲート・ブリッジを渡り、US-101を5分ほど走ったらCA-①の標識に従って海岸線へ。一部内陸を走るところがあるが、ほぼ海岸線の道。基本分離帯のない片側1車線の道で、カーブも多いので運転は慎重に。

ボデガ・ベイ Bodega Bay
ヒッチコックの有名な映画『鳥』の舞台となった街として知られる。北側のビーチが美しい。

このあたり、美しいビーチが続くスポット

★ サンタローザ

① ペタルマ

サンフランシスコ San Francisco
CA-①は市内ではPark Presidio Blvd.、19th Ave.、となって南北を貫いて走る。

ポイント・レイズ国立海岸
Point Rayes National Seashore
ルートから外れるが、岬の先端まで延びる道を行けば、ドラマチックな景観が楽しめる。

ミュアウッズ国定公園の近く。時間があれば寄ってみたい

ゴールデン・ゲート・ブリッジ

★ パロアルト

サンノゼ ★

山の中のジグザグ道路が続くので運転に注意

サンタ・クルーズ Santa Cruz
隣町のキャピトラとともに海辺の人気都市。市街地では道は片側2車線のフリーウエイ。

ハーフムーン・ベイ Half Moon Bay
この周辺、道路からは見えないが海岸線は長い砂浜が続く。ビーチへのアクセスは可能。

モントレー湾沿いの道だが、内陸を走る区間も多いので眺めはイマイチ。広大な畑の中の道も走る

★ ギルロイ

モントレーとカーメルの間にある小さな半島、モントレー半島にある「17マイルドライブ」は、風光明媚な有料道路

モントレー湾
Monterey Bay

サンフランシスコから南へ
一部カーブが多いところがあるが、ほとんどが見通しのいい運転しやすい道でアメリカでの運転に慣れていない人でも問題ない。市内を抜ければ混雑もなく気持ちのいいドライブが楽しめる。道はそのまま南へ。カーメルから先もすばらしい景色が続く。

モントレー
Monterey
▶P.102

カーメル
Carmel
▶P.103

TRAVEL
INFORMATION

Arrival and Departure,Public Transport,Security etc.

旅の基本情報

空港に着いたときから旅はスタート。
サンフランシスコの空港から市内へのアクセス。
ミュニメトロやバスを乗りこなすには？　トラブルに遭ったらどうすれば？
快適で安全な旅のために、これだけは知っておきたい基本情報。

🇺🇸 サンフランシスコ基本情報

訪れる街の情報を知ることと同じくらい、
訪れる国の情報を覚えておくことは大切。
きっちりおさえてスマートに旅を楽しみたい。

基本情報

● **国旗**
13本のストライプは1776年建国当時の州の数、50の星は現在の州の数を表す。

● **正式国名**
アメリカ合衆国
United States of America

● **国歌**
The Star-Spangled Banner（星条旗）

● **面積**
約962.8万k㎡
日本の約25倍

● **人口**
約3億2896万人
※サンフランシスコ市は約87万人

● **首都**
ワシントン特別行政区
Washington,
District of Columbia（DC）
人口約68万人

● **元首**
ドナルド・J・トランプ大統領
The President of U.S.A
Donald J. Trump

● **政体**
大統領制　連邦制（50州）

● **民族構成**
白人　60.7％、ヒスパニック系18.1％、アフリカ系　13.4％、アジア系　5.8％、アメリカ先住民　1.3％など

● **宗教**
主流はキリスト教。ほかには、ユダヤ教、イスラム教などがある。

● **言語**
おもな言語は英語だが法律上の定めはない。カリフォルニア州全域でスペイン語も広く使われている。

通貨・レート

1$（ドル）＝約110円

単位はドル（$）とセント（¢）。紙幣と硬貨ともに6種類ずつあるが、一般に流通しているのは、紙幣が1、5、10、20ドル、硬貨が1、5、10、25セント。50、100ドル紙幣と50、1ドル硬貨はほとんど流通していない。両替レートは、$1＝100¢＝約110円（2020年1月現在）

1ドル

5ドル

1セント

5セント

10ドル

20ドル

10セント

25セント

電話

ホテルの部屋から電話をかける場合、市内だと無料のことがあるが、通常は手数料がかかって公衆電話でかけるより高くなる。

● **日本→アメリカへ**

001/0033/0061など	010	1	市外局番＋相手の電話番号
国際電話会社の番号	国際電話識別番号	アメリカのエリア番号	相手先の電話番号

● **アメリカ→日本へ**

011	81	相手の電話番号
国際電話識別の番号	日本の国番号	市外局番・携帯の番号の最初の0を除いた番号

● **現地で**
サンフランシスコでは市内通話、市外通話とも最初に1をダイヤルし、市外局番からダイヤルする。市内の市外局番は415または628。サンフランシスコ市以外は、同じ局番同士での通話は、そのまま相手の電話番号をダイヤルすればよい。

祝祭日の営業

アメリカは州によって祝日が異なることがあるので注意。「年中無休」としている店舗でも、1/1、サンクスギビングデイ、クリスマスの3日間は休業のことが多い。メモリアルデイからレイバーデイにかけての夏休み期間も、営業時間が変更されることが多い。

日付の書き方

アメリカと日本では年月日の書き方が異なるので注意しよう。日本と順番が逆で、「月・日・年」の順で記す。例えば「2020年1月5日」は、「1/5/2020」と書く場合が多い。5月1日と間違わないように気をつけよう。

度量衡

- 日本とはほとんどの単位が異なる

温度は摂氏℃でなく華氏℉。長さはフィートやインチ、重さはオンスやポンド。洋服や靴のサイズの単位も異なるので注意したい。（サイズ比較表 →P.125）

両替

- 両替所は少ない

大手銀行や国際空港内に両替所があるが数は少ない。ドルの現金の用意は、できるだけ出発前に。日本国内でドルに両替していったほうがレートもよい。

クレジットカード

- アメリカの旅には必携

日本よりはるかにキャッシュレスが進んでいるアメリカ。ホテルのチェックイン時などに支払いの保証として必要。スーパーマーケットはもちろん、フードトラックなどの屋台でもほとんどの支払いが可能。またタクシーの支払いや交通パスや自動券売機での交通チケットの購入にも使用可能。支払いの際はサインではなくPIN（暗証番号）を入力するのが普通なので、しっかり覚えておきたい。

ATM

- 銀行以外の場所にも

銀行だけでなく、空港や街中のいたるところにあり、キャッシングのできる国際クレジットカードがあれば現金が入手できる。ただし出金のたびに手数料がかかるので注意したい。

物価

- ホテルの高さはNY並み

宿泊料金はニューヨークと並び全米一の高さ。それ以外はアメリカの他の都市と大きく変わらないが、日本と比べると食費や交通費は割高。

チップ

- 義務と思って支払おう

サービス料が含まれている場合もあるが、通常レストランは食事代の15〜20%を支払う。タクシーは運賃の15〜20%、ホテルマンに荷物を持ってもらった場合は$2〜3、ベッドメーキングは枕元に$1〜2。

時差

- −17時間

太平洋標準時Pacific Standard Timeにあり、日本時間の正午は、サンフランシスコでは前日の19:00。サンフランシスコ時間の正午は、日本時間では翌日の早朝5:00。デイライト・セービング・タイムDaylight Saving Time（夏時間）は3月第2日曜から11月第1日曜まで適用され、1時間早くなる。

日本からの飛行時間

- 直行便で10時間弱

日本からサンフランシスコへは直行便で約9時間30分。日本へは気流の関係でよけいに時間がかかり、約11時間30分。

旅行期間

- 4泊6日以上が望ましい

しっかり観光したいなら4泊以上はしたいところ。郊外に足を延ばすならさらに＋1〜2日。余裕をもったスケジュールを組みたい。

ビザ

- 90日以内の観光は必要なし

電子渡航認証システム（ESTA）による渡航認証の取得が義務づけられている。（ESTAの取得申請 →P.110）

電圧・電源

● 心配な人は変圧器の用意を

電圧は120V。日本の電化製品もそのまま使えるが、電圧はわずかに違うため注意が必要。プラグは3つ穴だが、日本のプラグがそのまま使えるAタイプ。

トイレ

● 公衆トイレは少ない

街なかではデパートやショッピングセンター、高級ホテルのロビーなどのトイレを使いたい。バートやmuniの駅などにはトイレはない。

郵便

● ポストは青色

アメリカから日本への所要日数はエアメールで1週間前後。料金は普通サイズのはがき、封書ともに＄1.15。切手は郵便局窓口か、US Mailのマークのある販売機で。

水

● ミネラルウオーターを購入しよう

水道水は飲めるが、ミネラルウオーターを購入するのが一般的。炭酸なしの水はスティル・ウオーターStill Water。炭酸入りはスパークリング・ウオーターSparkling Water。水道水はタップ・ウオーターTap Water。

出典：気象庁、US National Weather Service

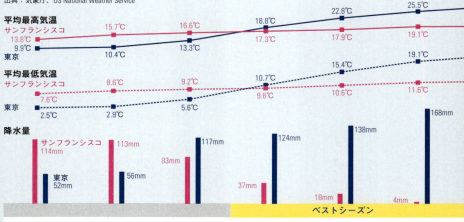

平均最高気温
サンフランシスコ 13.8℃ 15.7℃ 16.6℃ 18.8℃ 22.8℃ 25.5℃
東京 9.9℃ 10.4℃ 13.3℃ 17.3℃ 17.9℃ 19.1℃

平均最低気温
サンフランシスコ 8.6℃ 9.2℃ 10.7℃ 15.4℃ 19.1℃
7.6℃ 9.6℃ 10.6℃ 11.6℃
東京 2.5℃ 2.9℃ 5.6℃

降水量
サンフランシスコ 114mm 113mm 83mm 37mm 18mm 4mm
東京 52mm 56mm 117mm 124mm 138mm 168mm

ベストシーズン

1 January

1/1
元日
New Year's Day

第3月曜日
マーチン・ルーサー・キング・ジュニア牧師誕生日
Dr. Martin Luther King, Jr's Birthday

1月下旬～2月
チャイナタウンの旧正月
Lunar New Year Celebration

2 February

第3月曜日
大統領の日
President's Day

3 March

3/17
セント・パトリック・デイ・パレード
St. Patrick's Day Parade
緑のものを身に着けて参加する。フェスティバルは週末に行われる。

4 April

第3月曜日
愛国者の日
Patriots' Day

4月上旬
桜祭り
Cherry Blossom Festival
ジャパンタウンで行われる。

4月上旬
サンフランシスコ国際映画祭
San Francisco International Film Festival
50年以上の長い歴史をもつ。

5 May

最終月曜日
メモリアルデイ（戦没者追悼の日）
Memorial Day

第3日曜日
ベイ・トゥ・ブレーカーズ
Bay to Breakers
奇抜なコスチュームの参加者が多い。市民マラソン大会。参加者だけでなく、見物客も多い。

6 June

上旬
サンフランシスコ・ジャズフェスティバル
San Francisco Jazz Festival
SF最大規模の音楽イベント。約12日間で30以上のショーを開催。

下旬
サンフランシスコ・プライド
San Francisco Pride
全米最大級のLGBTの人々の祭典。

風がいつもひんやり感じられるサンフランシスコ。気温が高くても風が強いと体感温度はかなり低く感じられるので、常に1枚羽織るものを持っているといい。

インターネット

● **無料のWi-Fiスポットが多数**

ほとんどのホテルでWi-Fiがつながるが、有料の場合もある。カフェ、図書館、博物館などでは無料のWi-Fiの利用が可能。

喫煙

● **あらゆる公共の建物内では完全禁煙**

レストランはもちろん、多くのバーやクラブも禁煙となっている。ホテルの部屋も多くが禁煙なので注意したい。路上喫煙は禁止されていないので喫煙の際は外に出る。

飲酒

● **年齢を証明できるものを**

飲酒は21歳未満禁止。屋外での飲酒は禁止。バーなどでは年齢確認のためにID（パスポート）の提示を求められることが多いので、飲みに行くとき、ライブハウスや野球場に行く時は携行しよう。

マナー

● **あいさつは基本**

列はフォーク型（1列に並び、空いたところに入る）の並び方が一般的。店に入って店員に声をかけられたり、エレベーターに乗り合わせた人と目が合ったりしたら、「Hello」とか「Hi」とあいさつしよう。

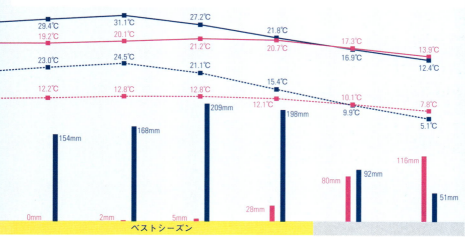

ベストシーズン

29.4℃	31.1℃	27.2℃		21.8℃		17.3℃		13.9℃
19.2℃	20.1℃	21.2℃	20.7℃		16.9℃			12.4℃
23.0℃	24.5℃	21.1℃		15.4℃		10.1℃		7.8℃
12.2℃	12.8℃	12.8℃	12.1℃		9.9℃			5.1℃

154mm　168mm　209mm　198mm　80mm　92mm　116mm　51mm
0mm　2mm　5mm　28mm

7 July

7/4
独立記念日
Independence Day
各地で祝う祭典が行われる。フィッシャーマンズワーフで上がる花火は必見。

8 August

下旬
イート・ドリンクSF
Eat Drink SF
市内で行われる多くのフード・フェスティバルのなかで最大規模のイベント。

9 September

第1月曜
レイバーデイ
（労働者の日）
Labor Day

10 October

第2月曜
先住民の日
Indigenous Day
（サンフランシスコのみ）

10/31
ハロウィン
Halloween
市内各地でさまざまなイベントが開催される。

11 November

11/11
ベテランズデイ
（退役軍人の日）
Veteran's Day

第4木曜とその翌日
サンクスギビングデイ＆サンクスギビングデイ翌日
Thanksgiving Day & Day after thanksgiving

11/11
クリスマスツリー点灯
Tree Lightning

12 December

12/25
聖誕節
クリスマス
Christmas Day
数日前から街なかはイルミネーションできらめく。

12/31
大晦日
New Year's Eve
フェリービルディングでカウントダウン・イベントが行われる。

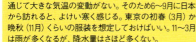

ベストシーズン ● 4月から10月

上のグラフからわかるように、サンフランシスコは1年を通じて大きな気温の変動がない。そのため6～9月に日本から訪れると、よけい寒く感じる。東京の初春（3月）か晩秋（11月）くらいの服装を想定しておけばいい。11～3月は雨が多くなるが、降水量はさほど多くない。

🇺🇸 ESTAの取得申請

アメリカに渡航する場合、すべての人が取得しなくてはならないもの。出発の72時間前までに必ず申請手続きを済ませよう。あとでやろうと思っていると、旅行の準備に忙しくて忘れてしまうこともある。取得後2年間有効なので航空券を予約したらすぐに申請の手続きをしてしまおう。

ESTAの申請手続き

1 URL https://esta.cbp.dhs.gov/ にアクセス

画面右上にある「CHANGE LANGUAGE」で「日本語」を選び、トップページの「新規の申請」をクリックし、「個人またはグループによる申請」のどちらかを選ぶ。「セキュリティに関する通告」の内容を読み「確認&続行」をクリック。

2 免責事項

免責事項の画面が表示される。内容をよく読み、問題がなければ「はい」を選択し「次へ」。

3 申請書の入力

「＊」の印がある項目は回答必須。質問事項は日本語だが、すべて英語（ローマ字）で入力、またはプルダウンメニューから該当項目を選択。疑問がある場合は「?」のアイコンをクリック。
- 申請者情報、パスポート情報、渡航情報、滞米滞在中の住所などを入力。
- 1～9の適格性に関する質問事項に「はい」、「いいえ」で回答。
- 「権利の放棄」と「申請内容に関する証明」の内容を読み、□にチェックを入れる。
  入力内容を確認して、間違いがなければ「次へ」をクリック。

ESTA申請用サイトのトップページ。これ以外は有料のサイトとなるので注意

4 申請番号が発行される

申請番号は必ず書き留めるか印刷すること。申請番号は後に「既存の申請内容を確認」するときに必要だ。

5 支払い手続き

オンラインでの支払いとなる。PayPalまたはデビットカード/クレジットカードどちらかを選び、カードを選んだら次の画面でカード情報を入力。入力の情報の確認後「続行」をクリックする。「支払い手続き実行中です」という画面が現れ、手続きが済むと「承認は保留中です」と「支払い手続きが実行されました」と書かれた下に、氏名、生年月日とともに申請番号が書かれている。

6 承認の確認

「終了」をクリックして申請手続きは終了。すぐに登録したメールアドレスに申請番号とESTAのリンクが張られたメールが送られてくる。承認の審査は72時間以内に行われるので、しばらくしてサイトにアクセスし、「既存の申請内容を確認」をクリックして、状況を確認。その際申請番号とパスポート番号が必要になる。

※申請手続きの詳細は、以下のURLを参照。
URL www.arukikata.co.jp/esta

ESTAってなに？

Electronic System for Travel Authorization（電子渡航認証システム）の略。ビザ免除プログラム（90日以内の滞在にかぎる）を利用して、アメリカに入国する場合に取得しなくてはならないもの。有効期間は2年間（パスポートの失効を除く）で、登録に$14かかる。

注意事項

- インターネットにアクセスできる環境がないと申請ができない。
- 申請代行をするサービスを有料で提供するウェブサイトがある。検索したサイトを上記公式サイトと勘違いして申請してしまい、あとから手数料を請求されるケースがあるので気をつけたい。
- インターネットにアクセスできる環境のない人、自分で申請をする自信のない人は、手数料を払って旅行会社に手続きを頼むこともできる。

🇺🇸 アメリカ入出国ナビ

入国の手順は、入国審査、預けた荷物の受け取り、税関検査となる。なおサンフランシスコをはじめ、アメリカのおもな国際空港では、自動入国審査Automated Passport Controlのキオスク（機械）で、各自手続きを進めることができる。

日本からサンフランシスコへ

1 入国審査

"ESTA"の案内に従って入国審査場へ。自動入国審査の機械がずらっと並んでいるので、係員の指示に従って列に並び、順番が来たら空いている機械へ。まず日本語を選択して、指示のとおり①パスポートの読み取り②指紋採取③顔写真撮影④税関申告の質問に手続きを進める。審査が終わるとレシートが出てくるので、それを持って審査官のいるブースへ。パスポートとレシートを提出して審査は終了。
※場合によっては審査官からの審査を受けることもある。

APCキオスク
©Department
of Homeland
Security

キオスクの最初の画面

2 荷物の受け取り

「Baggage Claim」の案内に従って到着便が表示されたターンテーブルへ。出発時に預けた荷物を受け取ったら、間違いなく自分のものかどうかを必ず確認。紛失（ロストバゲージLost Baggage）や破損があった場合は、クレームタグ（預かり証）を持って航空会社の担当に申し出る。事後のクレームは受け付けてくれない。

3 税関検査

申請するものがなければ入国審査で受け取ったレシートを係員に渡してそのまま素通り。申告するものがあれば、専用のブースへ行って申し出る。

4 到着ロビーへ

市内への交通手段についてはP.116を参照。

機内預け荷物重量制限

航空会社によって異なることもあるが、ほとんどの会社が国際線のエコノミークラスなら各23kg未満の荷物を2個まで無料で預けることができる。制限を超えると超過料金を支払わなくてはならない。多少のオーバーは目をつぶってくれるだろう、なんて期待はしないこと。機内に持ち込むことができる荷物は原則としてひとつ。ただし小さなハンドバッグやポシェットなどは数に含まれないことがほとんど。

サンフランシスコから日本へ

1 出国手続き

特別な手続きはない。航空会社でパスポートを提示してボーディングパスを受け取れば出国の審査は完了。機械によるチェックインも同様。

2 セキュリティチェック（保安検査）

機内持ち込み手荷物のX線検査。混雑時には長蛇の列ができていることも。最低でも搭乗時間の2時間前には並んでおきたい。

3 搭乗エリアへ

チェックインのあとに搭乗口が変更になったり、出発時間が変更になったりすることもある。必ず何度か案内板でチェックしよう。出発時刻の30分以上前には搭乗が始まることもあるので、時間に余裕をもって搭乗口へ。

4 機内で

携帯品・別送品申告書を記入しておく。

5 到着

入国審査、預けた荷物の受け取り、税関検査のカウンターを通り到着ロビーへ。

日本入国時の免税範囲

● 税関
URL www.customs.go.jp/kaigairyoko/menzei.htm

たばこ	紙巻きたばこ400本、または葉巻100本、その他500g
酒類	3本（1本760ml　程度）
香水	2オンス（1オンスは約28ml。オーデコロン、オードトワレは含まれない）
その他	20万円以内のもの（海外市価の合計額）
おもな輸入禁止品目	・麻薬、向精神薬、大麻、あへん、覚せい剤、MDMA ・けん銃等の鉄砲　・爆発物、火薬類 ・貨幣、有価証券、クレジットカード等の偽造品、偽ブランド品、海賊版等

🇺🇸 # 空港から市内へ

SFOはサンフランシスコ湾に面している。着陸前、低高度で海の上を飛行するところはちょっと羽田空港に似ている。

サンフランシスコ周辺地域には、サンフランシスコ国際空港、ノーマン・Y・ミネタ・サンノゼ国際空港、オークランド国際空港の3つの主要な空港がある。

自然光が差し込む明るい国際線ターミナル

世界中からの路線が集まる
サンフランシスコ国際空港
San Francisco International Airport(SFO)

ダウンタウンから南へ約20kmの所にある西海岸を代表する空港。その規模も旅客数も全米有数だが、機能的にレイアウトされたターミナルのおかげで移動もスムーズにできる。

国際線ターミナルの外観。デザインも秀逸

おもな航空会社の
サンフランシスコ国際空港発着ターミナル

▶ターミナル1(国内線)
サウスウエスト航空(WN)
デルタ航空(DL)

▶ターミナル2(国内線)
アメリカン航空(AA)
アラスカ航空(AS)

▶ターミナル3(国内線)
ユナイテッド航空(UA)

▶ターミナルA(国際線)
日本航空(JL)
エールフランス(AF)
キャセイパシフィック航空(CX)
KLMオランダ航空(KL) ほか

▶ターミナルG(国際線)
全日空(NH)
ユナイテッド航空(UA)
ルフトハンザ航空(LH)
シンガポール航空(SQ) ほか

環境への配慮にもこだわりが

サンフランシスコ国際空港では、2019年8月、全米の空港で初めてペットボトル入りの飲料水の販売を禁止にした。炭酸飲料などはまだペットボトルで売られているのだが、その先駆的な姿勢でおおいに注目を浴びた。これは2016年に立てられた「2021年までに再利用できない埋め立てゴミの空港からの排出をゼロにする」という目標の一環だ。実際にターミナルを見回してみれば、ゴミ箱はすべて分別できるように3つに分かれており、飲料水の給水機が各所に設置されるなど、随所に環境への配慮がうかがえる。

サンフランシスコ国際空港の特徴

年間5500万人以上が利用する大空港。各ターミナルと駐車場、レンタカーセンターはエアトレインと呼ばれる列車で結ばれており、無料で移動が可能。また市内に直接アクセスできる鉄道BART(→P.116)の駅もターミナルから歩いてアクセスできる。各ターミナルにアートギャラリーを設置し、国際線ターミナルにはSFMOMA(→P.34)のミュージアムショップが出店。カフェやレストランが充実した空港としても知られており、アメリカならどこにでもある有名ファストフードの店はなく、サンフランシスコ周辺で評価の高いレストランが空港内に店を出している。ここまで食にこだわりをもった空港は珍しい。

フードコートのゴミ箱もすべて分別できるようになっている

ターミナル内のギャラリーはかなりの規模

SFMOMAのミュージアムショップは国際線出発ターミナル階にある

SFOサンフランシスコ国際空港見取り図

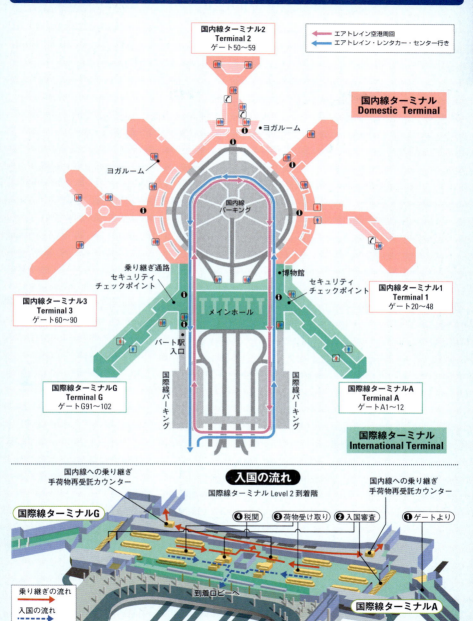

国内線ターミナル2
Terminal 2
ゲート50〜59

エアトレイン空港周回
エアトレイン・レンタカー・センター行き

国内線ターミナル
Domestic Terminal

•ヨガルーム

ヨガルーム

国内線パーキング

乗り継ぎ通路
セキュリティ
チェックポイント

•博物館

セキュリティ
チェックポイント

メインホール

国内線ターミナル3
Terminal 3
ゲート60〜90

国内線ターミナル1
Terminal 1
ゲート20〜48

バート駅
入口

国際線ターミナルG
Terminal G
ゲートG91〜102

国際線パーキング

国際線パーキング

国際線ターミナルA
Terminal A
ゲートA1〜12

国際線ターミナル
International Terminal

入国の流れ

国内線への乗り継ぎ
手荷物再受託カウンター

国際線ターミナル Level 2 到着階

国内線への乗り継ぎ
手荷物再受託カウンター

国際線ターミナルG

❹税関　❸荷物受け取り　❷入国審査　❶ゲートより

乗り継ぎの流れ
入国の流れ

到着口ビーへ

国際線ターミナルA

シリコンバレーの中心にある
サンノゼ国際空港
Norman Y. Mineta International Airport（SJC）

世界のIT産業の中心であるシリコンバレーにある空港で、日本からは全日空の直行便が就航している。ノーマン・ミネタはサンノゼ出身の日系人。クリントン政権下でアジア系アメリカ人として初めて入閣し、商務長官を務めた人物だ。

市としては、サンノゼはサンフランシスコより大きい

空港からのアクセス
サンノゼ市内へ
- 空港シャトル：$29〜
- バス＆鉄道：$2.5
- タクシー：$18〜30

サンフランシスコ市内へ
- 空港シャトル：$105〜
- バス＆鉄道：$10.5
- タクシー：$145〜

国内線利用に便利
オークランド国際空港
Oakland International Airport（OAK）

サンフランシスコ湾の東側、オークランドにある空港でアメリカを代表する格安航空会社であるサウスウエスト航空などが就航している。サンフランシスコ国際空港の「サブ」的な役割の空港で、市内へのアクセスも悪くない。

バートを使えば市内への移動時間はサンフランシスコ空港と変わらない

空港からのアクセス
サンフランシスコ市内へ
- 空港シャトル：$57〜
- 鉄道：$10.95
- タクシー：$65

サンフランシスコ3つの空港とアクセス

凡例
- 地下鉄、鉄道など
- バス
- 空港シャトル

サンフランシスコ3つの空港とアクセス

サンフランシスコへ
旅するなら
便利で快適な、
ユナイテッド航空で。

旅の始まりも、旅の締めくくりも、
すべては飛行機から。
いい旅をしたいなら、
いい航空会社を選びたい。

選ばれる理由 1
週21便、最多便数を誇る航空会社

日本～サンフランシスコ間の
フライトスケジュール
（2019年12月1日現在）

羽田	▶ サンフランシスコ(UA876)
16:25発 ▶	08:40着
成田	▶ サンフランシスコ(UA838)
16:55発 ▶	09:10着
関空	▶ サンフランシスコ(UA34)
18:10発 ▶	11:00着
サンフランシスコ	▶ 羽田(UA875)
10:35発 ▶	14:25着(+1)
サンフランシスコ	▶ 成田(UA837)
11:05発 ▶	15:30着(+1)
サンフランシスコ	▶ 関空(UA35)
11:15発 ▶	14:25着(+1)

日本からサンフランシスコへ直行便
を毎日3便運航する航空会社はユ
ナイテッドだけ。
成田、羽田、関空からデイリーで運
航しており、日本発の便はいずれも
夕方にたち、サンフランシスコは朝
到着するスケジュールで、到着日も
有効に使うことができる。

選ばれる理由 2
ユナイテッド航空の
西海岸最大のハブ空港、
サンフランシスコ

サンフランシスコ国際
空港は米国本土に7ヵ
所あるユナイテッド航
空のハブ空港（拠点
空港）のひとつ。
ユナイテッド航空のフ
ライト発着が特に多
く、空港の利便性も高

ユナイテッド航空のハブ空港SFO

い。サンフランシスコを経由して他のアメリカの都市へ
行く場合も、ユナイテッド航空便でスムーズな乗り継ぎ
ができるようになっている。また、同空港には2019年
Skytrax社により「世界のベストビジネスクラスラウン
ジ」に輝いた「ユナイテッド・ポラリス」ラウンジも。

選ばれる理由 3
マイレージプログラムの
獲得マイルに期限なし!

2019年8月、ユナイテッド航空はマイレー
ジプログラム「マイレージプラス」では、
獲得マイルの期限を撤廃。これからは期限を気にすることなくユナイテッ
ド航空やスターアライアンス加盟エアラインを利用して、マイルをじっく
り貯めることができるようになった。

ユナイテッド・プレミアムプラスの
おもな特徴

シートピッチが最大96cmとユナイテッド・エコノミープ
ラスよりさらに広い足元スペースを確保。調節可能
なレッグレストとフットレストを装備。最大13インチの
モニターとノイズキャンセリングヘッドフォンで豊富な
エンターテインメントが楽しめる。各シートに電源と
充電用USBポートを設置。機内食は陶器で提供。
アルコール類もすべて無料。アメリカの高級スキン
ケアブランド「サンデー・ライリー」が提供するユナイ
テッド機内用に特別に開発したアメニティキット。

選ばれる理由 4
快適で充実の機内空間

● 多彩な機内サービス

日本とサンフランシスコ
を結ぶフライトでは、**ユ
ナイテッド・ポラリス**（ビ
ジネスクラス）、**エコノ
ミープラス**（足元の広い
座席を提供）、**ユナイ
テッド・エコノミー**（エコノ
ミー）の3クラスが提供さ
れているが、成田～サン
フランシスコのフライト
に導入されている最新
鋭のB777-300ERでは、

プレミアムプラスのシート

ビジネスクラスとエコノミープラスの間にプレミアムエ
コノミーの**ユナイテッド・プレミアムプラス**が設定され
ており、フットレスト・レッグレストの装備されたゆったりと
したシートや、特別な食事、さらには専用のアメニティ
キットなどを展開している。

🇺🇸 サンフランシスコ国際空港から市内へ

複数の手段があるので、利用する人数や荷物の量、時間帯によって適切なものを選びたい。
空港からは、郊外の町に直接アクセスできる手段もあり便利だ。

これらの交通手段の他にも、Caltrainという近郊列車も利用可能。ただし駅まではバスで移動する必要がある。

● 市内への交通機関 （料金、所要時間は空港から市内への目安）

バート
BART

空港と市内をダイレクトに結ぶ鉄道。詳しくは（→P.120）
- 料金：$9.65
- 所要時間：30分

URL www.bart.gov

バス
SamTrans

空港と市内の間に路線をもつ公共バス。
- 料金：$2.25
- 所要時間：60〜90分

URL www.samtrans.com

空港シャトル
Shared Ride Van

乗合のバン。乗り場のスタッフに目的地を告げて方面別に運行する車に乗り込む。複数の会社が運行している。
- 料金：$20
- 所要時間：30〜90分

※事前に予約をしておいたほうがいい。

● 市内に向かうおもなシャトル運行会社

スーパーシャトル
SuperShuttle
URL www.supershuttle.com

アメリカン・エアポーター・シャトル
American Airporter Shuttle
URL www.americanairporter.com

タクシー
Taxi

複数の会社が営業している。専用の乗り場で待機している車に乗り込む。
- 料金：$44〜67（別途要チップ）
- 所要時間：20〜50分

ライドシェア
（配車アプリ）
Ride Share

アプリを使って車を手配する。サンフランシスコ発祥のサービスで、空港にも専用の乗り場がある。
- 料金：$30〜
- 所要時間：20〜50分

SOMAにある一大交通拠点

空港からタクシーやシャトルバスなどで目的地に直接アクセスできるのであれば問題ないが、乗り換えが必要だったり、右ページで紹介しているような直接アクセスする手段がなかったりする場合、まずはP.20で紹介しているセールスフォース・トランジットセンターに向かおう。市営バス（muni）や近郊バス、長距離バスの拠点となっており、空港からはバス（Sam Trans）で結ばれている。BARTのMontgomery駅から徒歩5分。近郊列車CAL TRAINの始発駅になることが計画されており、将来的にはSFとロスアンゼルスを結ぶ高速鉄道の始発駅とすることも計画されている。

● 郊外への交通機関
（料金、所要時間は空港からの目安） サンフランシスコ国際空港からは、郊外の町に直接アクセスできる交通手段もある。運行頻度は低いので、必ず事前に予約を。

ナパへ

ワインカントリーの中心地であるナパにダイレクトで行けるシャトルバン。
● 料金：$40　● 所要時間：90分
エバンス Evans
URL www.evanstransportation.com

ソノマへ

ナパの西に広がるワインカントリー。
● 料金：$38　● 所要時間：2時間15分
ソノマカウンティ・エアポート・エクスプレス
Sonoma County Airport Express
URL www.airportexpressinc.com

モントレーへ

落ち着いた海辺の都市。隣町のカーメルとともに人気の観光地。
● 料金：$52　● 所要時間：2時間15分
モントレー・エアバス Monterey Airbus
URL www.montereyairbus.com

サンノゼ国際空港へ

シリコンバレーの中心都市サンノゼの玄関。
● 料金：$20　● 所要時間：45〜60分

モントレー・エアバス Monterey Airbus
URL www.montereyairbus.com

バークレーへ

イーストベイの学園都市。バートでもアクセス可能。
● 料金：$43　● 所要時間：45分
ベイポーター・エクスプレス
BayPorter Express
URL www.bayporter.com

交通機関		メリット	デメリット
鉄道	BART	・空港ターミナルと駅が直結している。 ・渋滞に影響されず、市内まで速い。 ・料金が比較的安い。 ・ある程度大きな荷物を持っていても大丈夫。 ・早朝から深夜まで運行。	・市内の駅が限られる。 ・駅から別の交通機関に乗り換える必要がある。 ・曜日により運行頻度が違う。
空港シャトル	Airport Shuttle	・ターミナルに乗り場がある。 ・目的地までダイレクトで行ける。 ・ネットで予約ができる。 ・大きな荷物も対応可能。	・相乗りなので立ち寄る場所により時間がかかる。 ・渋滞に巻き込まれると時間がかかる。 ・予約は英語サイトのみ。
バス	SamTrans	・料金が安い。 ・ターミナルに乗り場がある。 ・早朝から深夜まで運行している。 ・終点が市内のターミナルでわかりやすい。	・時間がかかる。 ・場所がわかっていないと途中下車できない。 ・大きな荷物を持っていると利用しづらい。 ・時間帯によって運行頻度が下がる。
タクシー	Taxi	・目的地までダイレクトに行ける。 ・大きな荷物も対応可能。 ・暑さ寒さ、天候も関係なく快適。	・料金が高い。 ・目的地を英語で指示する必要あり。 ・渋滞に巻き込まれると時間がかかる。
ライドシェア	Share Ride	・ターミナルに乗り場がある。 ・目的地までダイレクトで行ける。 ・大きな荷物も対応可能。 ・ドライバーと口頭でのやり取りが不要。 ・暑さ寒さ、天候も関係なく快適。	・あらかじめアプリをインストールする必要あり。 ・料金が比較的高い。 ・渋滞に巻き込まれると時間がかかる。

🇺🇸 サンフランシスコ市内と近郊の交通

交通機関の充実度は全米トップクラスのサンフランシスコ。市内の広範囲をカバーするバス、郊外へ足を延ばすときに便利な電車、乗車自体がアトラクションになるケーブルカーも、観光の便利な足になる。スケジュールに合わせて交通機関を選びたい。

市内の移動に使うのはこの3つの交通機関

ミュニMuniは、サンフランシスコ市営交通局が運営する市営鉄道Municipal Railwayの略称。ケーブルカーも市営の交通機関。市内の見どころを訪れるならこれだけで十分。

●ケーブルカー
Cable Car

一度は乗りたいSF観光の目玉のひとつ

●ミュニバス
Muni Bus

これが乗りこなせたら怖いものなし!

●ミュニメトロ
Muni Metro

街を東西に横切る路線が多い

クリッパーカードとミュニパスポート

● クリッパーカード

上記ミュニの交通機関だけでなく、ベイエリア一帯の公共交通に利用できるICカード。日本の交通カードと同様に読み取り機にタッチするだけで使え、チケットを買う手間もはぶける。金額を指定して購入でき、足りなくなったらあとからチャージも可能だ。

紙のミュニパスポートはこんな感じ

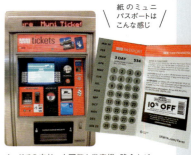

カードでの支払いも可能な券売機。残念ながら日本語の表示はない

●カードの買い方

空港のBART駅やミュニメトロの駅にある自動券売機で購入可能。画面の指示に従ってチャージをする金額を決め、現金またはカードで支払いする。最初にカード発行手数料としてチャージ金額とは別に$3がかかる。

●チャージの仕方

チャージした金額が不足しそうになったら追加が可能。これも自動券売機で行う。カードにチャージした金額は返金が可能だが、$5の手数料が必要。金額を指定して入金できるので無駄のないように考えてチャージしよう。

●ミュニパスポート

ミュニの交通機関が乗り放題になるパス。使用期間は1、3、7日間の3種類あり、最終日の23:59まで使うことができる。紙のパスとアプリをダウンロードして使うモバイルパスがあり、モバイルパスのほうが断然安い。料金(カッコ内はモバイルパスの料金)は、1日$23($12)、3日$34($29)、7日$45($39)。

チャージの場合、まず自動券売機の"TAP BELOW"にカードでタッチ。残額が表示される

画面に表示された金額を選びボタンを押す。金額は$1と¢5単位で増減できる

ケーブルカー
Cable Car

坂の多い街で活躍する乗物。誕生したのは今から150年近く前の1873年で、基本的な仕組みは当時とまったく変わらず、今も重要な交通手段として利用されている。20世紀初頭には、街中に多くのケーブルカーが走っていたが、現在運行しているのは以下の3路線（路線図は→P.12）。

● パウエル～ハイド線 Powell～Hyde Line
● パウエル～メイソン線 Powell～Mason Line
● カリフォルニア線 California Line

パウエル～ハイド線、パウエル～メイソン線は街を南北に、カリフォルニア線は東西に走る路線。南北に走る路線は、出発地点（Powell St.& Market St.）は一緒だが、終点が異なり、その間は徒歩で10分ほど離れている。途中駅での乗り降りは自由にできる。

公式には6～15分間隔で運行することになっているが、時間帯によっては長く待ったり、すぐに来たりかなりバラバラ

ミュニバスとミュニメトロ
Muni Bus　Muni Metro

ミュニバス

市のほぼ全域をカバーするバスは市民の一番の足。観光局で路線図が入手できるので、目的地へのバスの番号を路線図や地図アプリで確認してバス停留所の場所を探す。ダウンタウンのメインストリートであるMarket St.に多くの路線の停留所がある。

●乗車方法と降車方法
クリッパーカードを使う場合は、運転席の脇にある読み取り機にタッチ、ミュニパスポートを利用する人はドライバーに提示する。車内で運賃を払うことも可能（現金のみ）。
降車の際は、車内の「STOP」と書かれた赤いボタンを押すか、窓の上に張られた黄色のワイヤーを引っ張って降車の意思表示をする。車内の表示板に"STOP REQUEST"が点灯。次の停留所に停止する。降車は前後どちらのドアからでもOK。

ミュニメトロ

バスほどではないが、観光スポットへの足に便利な路面電車。混雑緩和のためにダウンタウンのMarket St.を走る区間は地下を通行する。バスほど細かな停留所はないが、駅で乗り降りするのでわかりやすい。乗車と降車方法はバスとほぼ同じ。

●乗車方法と降車方法
車両前部に表示された番号を見て、自分が乗りたい路線のものか確認してから乗車。料金の支払いなどはバスと同じ。降車の際の手順もバスと一緒だ。バスに比べると揺れは少ないし、頻繁に停まらないので乗り心地はいい。

ミュニメトロの読み取り機。バスも同じで青い部分にタッチする

自分が降車したい場所の手前でボタンを押すかワイヤーを引くとこのサインが点灯する

サンフランシスコと近郊の町の市内交通

バート
BART

BARTはBay Area Transitの略。サンフランシスコ湾の周辺のいくつもの街を結んで走る交通システム。空港から市内への便利な交通手段でもある。ダウンタウンから南のミッションエリアに行くときや湾を挟んで反対側のバークレーやオークランドに行くのには一番便利。サンフランシスコ市内の駅は全部で8つあり、ダウンタウンではMarket St.の地下を走っている。Muniの駅と同じ階に改札口があり、間違えやすいので注意が必要。クリッパーカードが使える。

Muniの各交通機関とはまったく別の運行で、乗り継ぎは図られていない

その他の交通機関

バート以外にもサンフランシスコから近郊の街へアクセスする交通機関はいくつもあり、クリッパーカードが使えるものもある。

市内から1本でワインカントリーにアクセスできる

フィッシャーマンズワーフに港がある

ベイブリッジを渡って東へ

ACトランジット
AC Transit

ベイブリッジを渡ってイーストベイにあるバークレー、オークランド、リッチモンドなどへアクセスできる。ACはAlameda-Contra Costaの略。
URL www.actransit.org

ゴールデン・ゲート・トランジット
Golden Gate Transit

ゴールデン・ゲート・ブリッジを渡った北側のマリンカウンティやソノマカウンティへのアクセスに便利。バスとフェリーがある。
URL www.goldengatetransit.org

空港へのアクセス手段でもある

サムトランズ
samTrans

San Mateo County Transit は、サンフランシスコ国際空港がある、サンフランシスコの南のエリアの交通機関。一部のルートがダウンタウンまで延びている。スタンフォード大学などがあるパロアルトやシリコンバレーのエリアにアクセスするのに利用できる。
URL www.samtrans.com

市内への重要な通勤電車

カルトレイン
Caltrain

サンフランシスコから南に延びる近郊列車。SOMAにある駅（4th St. & King St.）からシリコンバレーの中心都市であるサンノゼまで急行で約1時間。
URL www.caltrain.com

タクシー&ライドシェア

荷物が多いとき、
ポイントからポイントへ
移動したいときに便利。

●タクシー

流しのものは少ないので、ホテルの前などにあるタクシー乗り場から利用する。ダウンタウンのユニオンスクエア周辺、SOMAのコンベンションセンター周辺は、わりと流しのタクシーをひろいやすい。料金はメーター制で、支払い時に料金の15%ほどをチップとして加算する。

日本のような自動ドアのタクシーはない

●ライドシェア（配車アプリ）

フロントガラスにステッカーが貼ってある

清潔さも評価ポイントなのできれいな車が多い

サンフランシスコはライドシェア発祥の地。世界中でライドシェアサービスを展開するウーバーUberの本社はサンフランシスコにある。事前にアプリをダウンロードし、クレジットカード情報などの必要事項を登録すればすぐに利用できる。

タクシーに比べ運賃は安いし、どこにいても目の前までやってきて、目的地の前で降ろしてくれ、さらにお金の支払いも口頭でやり取りをする必要もないという利便性は、（特に英語が苦手な旅行者にとって）一度使ったら手放せないという人が多いのもうなずける。

サンフランシスコで配車サービスを提供するのは以下の2社。

ウーバーUber `URL` www.uber.com
リフトLyft `URL` www.lyft.com

両社とも同様のサービスを展開している。ライドシェアは個人が所有する車でサービスを行っており、手配の際にアプリ上で目的地までの料金やドライバーの名前と評価が確認できる。

オレンジ色がシンボルカラーのJUMPはウーバーが運営する

シェアサイクルも人気の交通手段

中心部は坂だらけのサンフランシスコだが、実は市内の通りの多くに自転車専用レーンが造られている「自転車に優しい街」。街自体がさほど大きくないので、日頃の移動は自転車で、という人も少なくない。さらに登録すれば誰でも利用できるシェアサイクルがいたるところにあるので、旅行者でも気軽に使える。

上記ライドシェアサービスを提供するウーバーとリフトがともに、シェアサイクル（英語ではShare Bike）のサービスを提供しており、シェアライドと同じアプリケーションを利用してシェアサイクルも利用できる。

リフトが運営するBay Wheels

🚗 レンタカー

市内観光だけなら車は不要。
でも行動範囲を広げたいなら自分で運転することも考えよう。
街を出て、魅力的な北カリフォルニアの
スポットを訪れる際にも快適だ。

レンタカー会社によっては、25歳以下は車が借りられないことがあるので、予約時に確認しよう。

レンタカーの借り方

1 予約

予約なしで借りることも不可能ではないが、やり取りが煩雑になり、希望の車種が借りられない可能性があるなど、デメリットも大きい。大手レンタカー会社なら、どこもオンラインで予約ができ、予約確認書（バウチャー）を持っていけば、現地での手続きもスムーズ。

2 借りる

予約時に指定した営業所で車を借りる。サンフランシスコ国際空港で借りる場合、ターミナル間を走るエアトレインに乗ってレンタカーセンターへ。各レンタカー会社の受付カウンターで車を借りる手続きをする。

● 手続き（チェックイン）に必要なもの

☐ パスポート
☐ 日本の運転免許証
☐ 国際免許証（またはレンタカー会社が発行する翻訳証明書）
☐ クレジットカード
☐ 予約確認証（バウチャー）
☐ 任意の保険、ガソリン前払いなどのオプションを選び、契約書にサインをして手続き完了
☐ 指定された車に乗り込み、シート、ハンドル、ミラーの位置などを調整して出発！

3 返却する

返却場所も予約時に指定したところへ。「Car Return」のサインに従って所定の場所に車を停めて、出発時に渡された契約書にその時点の走行距離、ガソリンの残量を記載する（その場にいる係員がやってくれるところもある）。記録した契約書を持ってカウンターへ。そこで精算手続き（チェックアウト）を行う。通常、チェックイン時に登録したクレジットカードにチャージされるので、その場で現金で支払うことはない。

市内での運転で気をつけること

4 Way Stop

市内

日本にはないので戸惑う人が多いのがこれ。交差点に進入するすべての道に一時停止の標識がある。住宅街の交差点はほとんどがこれになっている。ルールは簡単で、最初に交差点に近づいた車に通行の優先権がある。同時に交差点に差しかかった場合は、右側の車が優先。譲り合いの精神はかえって混乱を招くので、自分が通行する番が来たら躊躇せずに車を発進させることが大切。

> 完全に停止するまでしっかり止まること

● 運転時の注意事項

右側通行の運転を怖がる人は多いが、これはわりとすぐに慣れる。アメリカの運転マナーは総じて日本よりいいので、常識的な運転をしていれば、特に困ることはない。

パーキング

市内

市内は駐車スペースが限られているだけでなく、細かなルールがたくさんある。路上駐車はなるべく避けて、できる限り有料の駐車場を利用したほうがいい。路上駐車をしなくてはならない場合、まず周辺に駐車車両があるかを確認。周りに車がなければ、そこは駐車禁止である可能性が高い。パーキングメーターがある場所では必ず利用する。坂の途中に縦列駐車する場合、万一サイドブレーキがはずれて車が動いてもすぐに止まるように、縁石の方向にハンドルを切っておく。これを怠ると違反切符が切られる。

縁石に触れていなくてもOK

赤信号での右折

市内

信号のある交差点やT字路では、"NO TURN ON RED（赤信号右折禁止）"の標識がない限り、左方向から来る直進車の走行を妨げない場合、前方の信号が赤でも右折ができる。
右折するつもりなのに日本と同じように赤信号で停止していると、後続車からクラクションを鳴らされることもある。

郊外でのドライブで気をつけること

右側通行

郊外

先に右側通行はすぐに慣れると書いたが、これは交通量の多い市街地を走っている場合。周りの車の流れに乗っていれば、いつのまにか普通に右側通行している。ところが交通量の少ない郊外を走るときがクセモノ。沿道のビュースポットの駐車場に車を停めて景色を眺めたあと、再び道路に出るときなど、右と左を間違えて走ってしまうことが多いのだ。

有料道路

郊外

サンフランシスコ周辺には、モントレー半島の17マイルドライブを除き、通行に料金がかかる有料道路はほとんどないが、ゴールデン・ゲート・ブリッジやベイ・ブリッジなど通行料tollがかかる橋がいくつもある。基本サンフランシスコ市内から郊外に出るときは料金はかからず、市内に入るときにかかる。レンタカーにはe-Toll（日本のETC）が搭載されているので、その場で支払うことはなく、チェックアウトの際に精算される。

制限速度

郊外

フリーウェイの標識はわかりやすい

カリフォルニア州でのフリーウェイでの制限速度は一般に55〜70マイル（時速約88〜112キロ）。何車線もある広い道を走っていると、知らないうちに制限速度をオーバーしていることがある。違反の取り締まりは頻繁にやっているし、何より安全運転のためにもスピードは控えめに。

🇺🇸 旅の安全対策

いつも混雑しているピア39

旅は非日常の時間。
気持ちが高ぶっていつもと違う行動をしてしまうこともある。
アメリカを旅していることを忘れず、気を引き締めて旅を楽しみたい。

治安

人込みの多いフィッシャーマンズワーフなどではスリに注意。大きなホテルのロビーや空港などは置き引きに注意してしっかり荷物の管理をする。暗くなったら人通りのないところを歩かないなど、常識的な行動を心がけたい。

病気・健康管理

環境や気候の変化だけでなく、旅先では食事が変わったり、無理をしてしまったりして、体調を崩しやすい。貴重な旅の時間だが、時差ボケもあるので初日は無理なスケジュールを組まずに、ゆったり現地に体を慣らす日にしよう。

海外旅行保険

アメリカの医療費は高額だ。けがや病気になって病院で診察を受けるとなると、保険未加入の人は全額自己負担となるので保険は必須。加入者へのサービスとして日本語ができる医療施設の案内などを行っている会社もある。

こんなことにも気をつけて！

● ホームレス対策

路上でホームレスに"Spare Change!（小銭を恵んでくれ）"と言われることが少なくない。日本では経験しないことなので驚いてしまうが、露骨に無視するのはよくない（逆ギレされないとも限らない）。そんなときは無言で首を横に振って、拒否の態度を示すようにしよう。

● 近寄らないほうがいいエリア

日中に歩くなら特に問題ないが、暗くなってからは近寄らないほうがいい。ダウンタウンのテンダーロインTenderloinと呼ばれる、Mason St.、Eddy St.、Market St.に囲まれたシビックセンターの東側のエリア。ゴールデン・ゲート・パーク東側。ジャパンタウンの南側Western Addition。

● 車上荒らしに注意

P.123に市内での駐車についての注意事項を書いたが、車上荒らしには路上駐車、有料駐車場かかわりなく、レンタカー利用時には常に気をつけたい。とにかく外から見える車内には荷物を置かないのが鉄則。面倒でも荷物は必ずトランクにしまうことを習慣にしたい。

緊急連絡先

警察・消防・救急 911

在サンフランシスコ日本国総領事館
（1-415）780-6000

🏠 275 Battery Street, Suite 2100, San Francisco, CA 94111
Sacramento Street とBattery Street の角のビル

🕐 窓口：月〜金曜9:30〜12:00、13:00〜16:30
電話：月〜金曜9:00〜12:00、13:00〜17:00

クレジットカード会社
（盗難／紛失時にカードを停止する）

● VISA
Free（1-800）670-0955

● Master
Free（1-800）307-7309

● アメリカン・エキスプレス
Free（1-800）766-0106

● JCBカード
Free（1-800）606-8871

🇺🇸 ミニ英会話集

サンフランシスコ旅行を快適にする便利なフレーズをご紹介。いざというときになかなか口から出てこない簡単なフレーズをリストアップ。

観光

これをアメリカドルに両替できますか?
Can I change this into US dollars?

街の地図はありますか?
Do you have a map of the city?

ツアーの予約をしたいのですが。
I'd like to make a reservation for a tour.

待ち時間はどのくらいですか
How long do I have to wait?

橋と一緒に写真を撮ってもらえますか?
Could you take my picture with the bridge?

フィッシャーマンズワーフへの行き方を教えていただけませんか?
Could you tell me how to get to the Fisherman's Wharf?

道に迷いました。この地図上のどこにいるのか教えてください。
I'm lost. Could you show me where we are now on this map?

日本語のパンフレット(ブロシュア)はありますか?
Do you have a Japanese brochure?

レストラン

佐藤の名前で予約しています。
I have a reservation for Sato.

おすすめは何ですか?
What would you recommend?

料理の量を少なめにしてください。
Ccluld you make it small?

ここで食べます。／持ち帰ります。
Stay here, please. /To go, please.

別々に支払いたいのですが。
We'd like to pay separate.

ミディアム(ミディアムレア、レア、ウェルダン)でお願いします。
I'd like my steak Medium (Medium-rare, Rare, Well-done), please.

予約していませんが、入れますか?
We don't have a reservation. Do you have a seat for us?

今夜18:00に2名で予約したいのですが。
I'd like to make a reservation for 2 people at 6 o'clock tonight.

ホテル

こんにちは。チェックイン(アウト)お願いします。
Hello. I'd like to check-in(out), please.

すみませんが、到着が7時になりそうです
I'm sorry, we'll be arriving at 7 o'clock.

チェックアウトを延期してもらえますか?
Could you extend the check-out time?

(シャワーの)お湯が出ません。
The hot water is not running.

部屋を替えてもらえますか?
Could you give me a different room?

自分のノートパソコンをネットに接続したいのですが。
Can I get an internet connection with my laptop?

3泊の予約をしています。名前は佐藤です。
I have a reservation for 3 nights. My name is Sato.

ルームサービスをお願いしたいのですが。
Could I get a room service?

ショッピング

これを試着させてください。
Can I try this on?

ほかの色はありますか?
Do you have any other colors?

靴はどこにありますか?
Where can I find shoes?

ディスプレイにあるドレスを見せてもらえますか?
Could you show me the dress from the display window?

もっと大きい(小さい)サイズのものはありますか?
Do you have a larger (smaller) one?

このワインを日本に発送することはできますか?
Could you ship this wine to Japan?

このシャツを返品してもいいですか。
Can I return this shirt?

見ているだけです、ありがとうございます。
I'm just looking, thank you.

サイズ比較表
(目安なので購入時は必ず試着しよう)

● シューズ

日本	22	22.5	23	23.5	24	24.5	25	25.5	26	26.5	27	27.5	28
USA:Men's					6	6 1/2	7	7 1/2	8	8 1/2	9	9 1/2	10
USA:Lady's	5	5 1/2	6	6 1/2	7	7 1/2	8	8 1/2	9	9 1/2			

● ウエア(Lady's)

日本	7	9	11	13	15	
USA:Lady's	0	2	4	6	8	10
	xs(32)	s(34)	M(36)	L(38)	XL(40)	XXL(42)

バート駅
BART STATION

カルトレイン駅
CALTRAIN DEPOT

野球場
（オラクルパーク）
BALL PARK
(Oracle Park)

エンバーカデロ
EMBARCADERO

モントゴメリー
MONTGOMERY

パウエル
POWELL

シビックセンター
CIVIC CENTER

ヴァンネス
VAN NESS

FOLSOM

BRANNAN

2ND & KIN

4TH & KING

MISSION ROCK

UCSF
MISSION BAY

MARIPOSA

20TH ST

23RD ST

MARIN ST

EVANS

HUDSON / INNES

KIRKWOOD /
LA SALLE

OAKDALE / PALOU

REVERE / SHAFTER

WILLIAMS

CARROLL

GILMAN / PAUL

LE CONTE

ARLETA

SUNNYDALE

DUBOCE & NOE

CARL & COLE

UCSF PARNASSUS

JUDAH & 9TH AV

JUDAH & 19TH AV

JUDAH & SUNSET

OCEAN BEACH

CHURCH

CASTRO

DUBOCE & CHURCH

CHURCH & 18TH ST

CHURCH & 24TH ST

CHURCH & 30TH ST

SAN JOSE & RANDALL

TARVAL & SUNSET

TARAVAL & 22ND AV

SF ZOO

FOREST HILL

WEST PORTAL

ST. FRANCIS CIRCLE

JUNIPERO SERRA & OCEAN

STONESTOWN

OCEAN & JULES

SF STATE

OCEAN & LEE

CITY COLLEGE

BALBOA PARK

SAN JOSE & GENEVA

RANDOLPH & ARCH

BROAD & PLYMOUTH

BART路線図

凡例
- リッチモンド ⇔ ミルブレー
- SFO/ミルブレー ⇔ アンティオク
- ワームスプリングス/ ⇔ デーリーシティ
  サウスフリーモント
- ワームスプリングス/ ⇔ リッチモンド
  サウスフリーモント
- ダブリン/ブリーサントン ⇔ デーリーシティ
- オークランド国際空港 ⇔ コロシアム
- 平日(〜21:00)のみ運行
- 平日夜間(21:00〜)、土・日のみ運行

リッチモンド
Richmond
El Cerrito del Norte
El Cerrito Plaza
North Berkeley
Downtown Berkeley
（バークレー）
Ashby
Rockridge
MacArthur
19th St./Oakland
12th St./
Oakland City Center
West Oakland
Embarcadero
Montgomery St.
Powell St.
Civic Center/UN Plaza
デーリーシティ
Daly City
16th St./Mission
24th St./Mission
Glen Park
Balboa Park
Colma
South
San Francisco
San Bruno
✈ サンフランシスコ
国際空港(SFO)
ミルブレー
Millbrae

Lake Merritt
Fruitvale
Coliseum
（野球場&アリーナ）
San Leandro
Bay Fair
オークランド
国際空港(OAK)
Castro Valley
Hayward
South Hayward
Union City
フリーモント
Fremont
ワームスプリングス/サウスフリーモント
Warm Springs/South Fremont

West Dublin/
Pleasanton
ダブリン/ブリーサントン
Dublin/Pleasanton

Lafayette
Orinda
Walnut Creek
Pleasant Hill/Contra Costa Centre
Concord
North Concord/Martinez
Pittsburg/Bay Point
Pittsburg Center
アンティオク
Antioch

日曜の運行 Sunday Service

Richmond
El Cerrito del Norte
El Cerrito Plaza
North Berkeley
Downtown Berkeley
Ashby
Orinda
Rockridge
MacArthur
19th St./Oakland
12th St./Oakland City Center
Lake Merritt
Fruitvale
Coliseum
San Leandro
Bay Fair
West Dublin/
Pleasanton
ダブリン/ブリーサントン
Dublin/
Pleasanton
Castro Valley
Hayward
South Hayward
Union City
Fremont
Warm Springs/
South Fremont

West Oakland
Embarcadero
Montgomery St.
Powell St.
Civic Center
16th St./Mission
24th St./Mission
Glen Park
Daly City
Colma
South San Francisco
San Bruno
Millbrae
San Francisco International Airport
Oakland International Airport

Lafayette
Walnut Creek
Pleasant Hill/Contra Costa Centre
Concord
North Concord/Martinez
Pittsburg/Bay Point
Pittsburg Center
Antioch

A

B

1

San Rafael

リッチモンド
Richmond

Mount Tamalpais P.88

Richmond-
San Rafael
Bridge

580

80

Albany

ミルバレー
Mill Valley

ミュアウッズ国定公園
Muir Woods
National Monument
P.88

131

バークレー
Berkeley
P.38

Tiburon

13

Golden Gate
National Recreation
Area

サウサリート
Sausalito
P.86

• エンジェル・アイランド

24

ビスタポイント P.17
Vista Point

• アルカトラズ島
P.81

トレジャー・アイランド

ゴールデン・ゲート・ブリッジ

101

オークランド
Oakland
P.41

580

• ベイ・ブリッジ

80

オークランド・
ミュージアム
Oakland
Museum
P.41

サンフランシスコ
San Francisco

101

ジャック・ロンドン・スクエア
Jack London Square
P.41

Alameda

ゴールデン・ゲート・パーク
P.82

1

• チェイス・センター

2

• Twin Peaks

Pacific Coast Highway

サンフランシスコ動物園 •

280

オークランド国際空港
(OAK)
P.114

デーリーシティ
Daly City

101

サンフランシスコ湾
San Francisco Bay

太平洋
Pacific Ocean

サウス・
サンフランシスコ
South
San Francisco

82

1

35

280

San Bruno

• サンフランシスコ国際空港(SFO)
P.112

パシフィカ
Pacifica

ミルブレー
Millbrae

San Mateo-Hayward
Bridge

92

Burlingame

3

サンマテオ
San Mateo

Foster City

92

ベイエリア

N

0   2.5   5km

A

Moss Beach

1

280

82

101

B

サンフランシスコ中心部

N
0   500m   1km

1

太平洋
Pacific Ocean

サウサリート、↑ ゴールデン・ゲート・ブリッジ P.16
ミュアウッズ国定公園へ
フォートポイント P.16
ゴールデン・ゲート・ブリッジ・ウエルカムセンター
P.16

クリッシーフィールド
P.15

プレシディオ・ピクニック
P.52

プレシディオ国立公園
Presidio National Park

Baker
Beach

Presidio
Golf Course

China
Beach

Sea Cliff

Mountain
Lake Park

Lands
End

リージョン・
オブ・オナー美術館

Lake
California
3rd Ave
9th
11th
15th
17th
19th
21st
23rd
25th
27th
29th
31st
33rd
Arguello
Cherry
Maple
Spruce
Locust
Laurel
Walnut
Presidio

サクラメント・ストリート

ビストロ・アット・ザ・クリフハウス P.49
Bistro at the Cliff House

リンカーンパーク
Lincoln Park

Point Lobos

クレメント・ストリート Clement

Geary

Anza

Balboa

18th
35th
37th
41st
43rd
45th
47th

クリフハウス

2

リッチモンド
Richmond

ラブ・オン・ヘイド
Love on Haight
P.31

Fulton

Ocean
Beach

Great Hwy.

花の温室
P.84

ヘイトストリート
Haight Street
P.27

ウェイストランド
Wasteland
P.31

ヤング美術館 P.36
ローズ・ガーデン
P.84

カリフォルニア
科学アカデミー P.85

ザ・テラス P.85
The Terrace

ゴールデン・ゲート・パーク
Golden Gate Park
P.82

日本庭園
P.84

サンフランシスコ
樹木園
P.85

アメーバ・ミュージック
Amoeba Music
P.31

Lincoln Way

Judah
5th
7th
9th
11th
Funston
15th
17th
19th
21st
23rd
25th
27th
29th
31st
33rd
35th
37th
39th
41st
43rd
45th
47th
Sunset Blvd

University
of California,
San Francisco
Medical Center

Lawton

Moraga

Noriega

Ortega

Pacheco

Quintara

Rivera

Santiago

Taraval

Ulloa

Vicente

Wawona

Mt. Sutro

Laguna Honda

Noriega

Pacheco

Quintara

Forest Hill

Laguna
Honda
Hospital

ツイン・ピーク
Twin Pea

West Sunset
Playground

3

Great Hwy.

サンセット
Sunset

Taraval

Dewey Blvd

Vasquez

O'Shaughne

Rockdale

West Portal
West Portal

シグムンド・スターン・
レクリエーション・グローブ
Sigmund Stern
Recreation Grove

Mt. Davidson

Pine Lake Park

900ft
800ft
700ft
600ft
500ft
400ft
300ft
250ft
200ft
150ft
100ft
50ft

アルカトラズ島へ

P.78
フィッシャーマンズワーフ
Fisherman's Wharf

P.132〜133

サンフランシスコ湾
San Francisco Bay

Jefferson

フォード・メイソン・センター
P.53

フォートメイソン

マリーナ
Marina

ロンバードストリート

ロシアンヒル
Russian Hill
P.76

ノースビーチ
North Beach
P.72

コイトタワー

エクスプロラトリウム

エンバーカデロ
Embarcadero
P.70

ベイブリッジ
Bay Bridge

1

ユニオンストリート

ケーブルカー博物館

チャイナタウン
Chinatown
P.72

フェリービルディング

パシフィックハイツ
Pacific Heights

ファイナンシャル
ディストリクト
Financial
District
P.70

セールス
フォース・トランジットセンター

Embarcadero

ジャパンタウン
Japantown

ノブヒル
Nob Hill
P.76

ユニオンスクエア
Union Square
P.68

Montgomery St.

サンフランシスコ近代美術館

Kimbell
Playground

セントメアリー大聖堂

テンダーロイン
Tenderloin

Powell St.

Civic Center

ウエスタン・
アディション
Western
Addition

ゴールデン・ゲート・トランジット乗り場
(ゴールデン・ゲート・ブリッジ行き)

サウス・オブ・マーケット
South of Market
P.21

オラクルパーク
Oracle Park

アラモ
スクエア

シビックセンター

シティホール

サンフランシスコ
カルトレイン駅
San Francisco
Caltrain Station

2

36

Van Ness

チェイスセンター
Chase Center

P.137

Church St.

P.134〜135

16th St.

ストロシアター
stro Theater
P.30

Castro St.

ミッション ドロレス

クリフズ バラエティ P.30
Cliff's Variety

カストロ
Castro
P.30

ローファウンテン
stro Fountain
P.30

22nd St. カルトレイン駅
22nd St. Caltrain Station

クラフト&デザイン博物館
Museum of Craft & Design

Potrero
Hill

ノイバレー
Noe Valley

24th St.

3

ミッション
Mission
P.24

Diamond
Heights

バーナルハイツ・パーク
Bernal Heights Park

Randall
Fairmount

サンフランシスコ
国際空港へ

コートランドアベニュー
アルメニー・フリーマーケット
Alemany Flea Market

A

S.S. ジェレマイア・オブライエン号
S.S. Jeremiah O'Brien

ゴールデン・ゲート・ベイクルーズ
Golden Gate Bay Cruise P.80

スコマズ
Scoma's Ⓡ

イン・アンド・アウト・バーガー
In-N-Out Burger Ⓡ

マダム・タッソー
Madame Tussauds

サンフランシスコ
海洋国立歴史公園
**S.F. Maritime
Nat'l Historical Park** **1**

国立公園案内所
国立公園案内所

キャナリー
Cannery

アンカレッジ
スクエア
**Anchorage
Square** Ⓗ

ホリデイイン・フィッシャーマンズワーフ
Holiday Inn Fisherman's Wharf Ⓗ

アクアティック・
パーク・ビーチ
**Aquatic
Park Beach**

マリタイム・ミュージアム
Maritime Museum P.78 P.14

ブレイジング サドルズ（自転車レンタル）
Blazing Saddles

ブエナ・ビスタ・カフェ P.80 P.66
Buena Vista Cafe Ⓡ

セーフウェイ
Safeway Ⓢ

ハイアット
フィッシャーマンズ
**Hyatt
Fisherman's**

コスト・プラス・ワールド・マーケット P.80
Cost Plus World Market Ⓢ

フォートメイソン
Fort Mason

ギラデリスクエア
Ghirardeli Square P.80 Ⓢ

パタゴニア
Patagonia

マリオット・フィッシャーマンズワーフ
Marriott Fisherman's Wharf Ⓗ

トレーダージョーズ
Trader Joe's P.63 Ⓢ

ギラデリ・マーケットプレイス
Ghiradeli Marketplace Ⓢ

ギラデリ・アイスクリーム＆チョコレート・ショップ P.80
Ghiradeli Ice Cream & Chocolate Shop Ⓒ

ロシアンヒル・パーク
Russian Hill Park

ロンバードストリート P.77
Lombard Street

B

サウサリート、
ティブロン、
エンゼルアイランド、
オークランド、
バレーホ行き
フェリーチケット
乗り場

ピア39
Pier 39 P.79

ピア41
Pier 41

ザ・フライヤー
The Flyer

アクアリウム・オブ・ザ・ベイ
Aquarium of the Bay P.79

リウ・プラザ・フィッシャーマンズワーフ P.66
Riu Plaza Fisherman's Wharf

テレグラフヒル
Telegraph Hill

コイトタワー
Coit Tower P.75

聖ペテロ＆パウロ
St. Peter & Paul

リグリア・ベーカリー P.75
Liguria Bakery Ⓡ

ママズ・オン・ワシントンスクエア P.75
Mama'son Washington Square Ⓡ

ヴァシントンスクエア
Washington Square P.73

オリジナル・ジョーズ
Original Joe's P.75 Ⓡ

ノースビーチ
North Beach

クラブファガジ
Club Fugazi Ⓨ

ビーチ・ブランケット・バビロン
Beach Blanket Babylon P.73

ジャクソンスクエア
Jackson Square

シティライツ・ブックス
City Light Books P.75 Ⓢ

フット・リフレクロジー・センター
Foot Reflexology Center P.74 Ⓢ

クリス・コンサインメント P.77
Cris Consignmen Ⓢ

チャイナタウン
Chinatown

迎福閣
Great Eas

Restaurai

ケーブルカー博物館 P.12
ケーブルカー博物館

ポーツマス・スクエ
Portsmouth Squ

パウエル・メイソン・ライン
Powell-Mason Line

コロンバス・アベ
Columbus Ave.

ロシアンヒル
Russian Hill

240m 徒歩3分

Broadway Tunnel

ノブヒル
Nob Hill

グラントアベニュー
グラントアベニュー P.74

フェアモント・サンフランシスコ P.64
Fairmont San Francisco Ⓗ

リッツ・カールトン・
サンフランシスコ
**Ritz Carlton
San Francisco** Ⓗ

グレース大聖堂
Grace Cathedral P.76

ハンティントン・パーク
Huntington Park

インターコンチネンタル・マーク・ホプキンス P.64
Intercontinental Mark Hopkins Ⓗ

スワン・オイスター・デポ
Swan Oyster Depot P.77

トレーダージョーズ P.63
Trader Joe's Ⓢ

ドラゴンゲート P.73
ドラゴンゲート

ケーブルカー終点
ケーブルカー終点

クラステイシャン P.77
Crustacean Ⓡ

St. Francis Memorial Hospital ✚

A   **B**

Jefferson St.

Beach St.

Bay St.

North Point St.

Bay St.

Francisco St.

Chestnut St.

Lombard St.

Greenwich St.

Filbert St.

Union St.

Green St.

Vallejo St.

Broadway

Pacific Ave.

Jackson St.

Washington St.

Clay St.

Sacramento St.

California St.

Pine St.

Austin St.

Bush St.

Sutter St.

Van Ness Ave.

Polk St.

Larkin St.

Hyde St.

Leavenworth St.

Jones St.

Taylor St.

Mason St.

Powell St.

Stockton St.

Powell St.

Grant Ave.

Kearny St.

Franklin St.

Greenwich St.

Lombard St.

Union St.

Green St.

Chestnut St.

C

- アシカセンター P.79
  Sea Lion Center
- Ⓡ フォッグ・ハーバー・フィッシュハウス P.50
  Fog Harbor Fish House
- Ⓡ クラブハウス・アット・ピア39 P.79
  Crab House at Pier 39
- ピア39 7Dエクスペリエンス P.37
  Pier39 7D Experience
- Ⓡ ピアマーケット P.15
  Pier Market
- Ⓒ ボウディン・ベーカリーカフェ
  Boudin Bakery Cafe

サンフランシスコ湾
San Francisco Bay

D

フィッシャーマンズワーフ～
ダウンタウン北部

N
0   250   500m

1

M

M **F** **E**

Ⓜ エクスプロラトリウム
Exploratorium
P.35

Ⓡ スランテッド・ドア P.48
Slanted Door
Ⓡ ホッグ・アイランド・オイスター・カンパニー P.29
Hog Island Oyster Company
Ⓒ カウガール・クリーマリー P.29
Cowgirl Creamery
Ⓒ ヴィヴェ・ラ・タルト P.29
Vive La Tarte
Ⓒ ハンフリー・スロコム・アイスクリーム P.29
Humphry Slocombe Ice Cream
Ⓢ ファー・ウェスト・フンギ P.29
Far West Fungi
Ⓡ ゴッツ・ロードサイド P.29
Gott's Roadside
Ⓢ ミキボイ・ランチ P.60
Mcevoy Ranch
Ⓢ ファーマーズマーケット P.28
Farmer's Market

2

Front St.
Davis St.
Broadway

ラ・マー P.71
La Mar
Ⓡ

The Embarcadero

Ⓣ Ⓝ

フェリービルディング・マーケットプレイス P.29、70
Ferry Building Market Place
・ピア1
　Pier 1

トランスアメリカ・ピラミッド P.70
Transamerica Pyramid
太平洋文化遺産博物館
P.73
・在サンフランシスコ
　日本国総領事館

California St.の
ケーブルカー発着点

サンフランシスコ鉄道博物館 P.71
San Francisco Railway Museum

3

Embarcadero Ⓜ Ⓑ

Main St.
Beal St.

⑭

Howard St.

Ⓡ ウォーターバー P.50
Waterbar

ベイブリッジ
Bay Bridge

Ⓒ フィルツコーヒー
Philz Coffee
P.56

Market St.
Fremont St.
1st St.
Mission St.
Folsom St.

ニュー・ツリー・カフェ
New Tree Cafe
P.71

Ⓒ アマゾンゴー P.18
Ⓢ Amazon Go

セールスフォース・タワー P.20
Salesforce Tower
セールスフォース・
トランジットセンター

Montgomery
Ⓜ Ⓑ
2nd St.
C

Harrison St.

D

ダウンタウン中心部～SOMA

N
0　250　500m

A

Pine St.

Bush St.

ウィリアムズ・ソノマ
Williams Sonoma
P.61

Sutter St. ②③

Post St. ②③

Geary St.

O'Farrell St.

Ellis St.

Polk St.

Larkin St.

Eddy St.

B タージ・カンプトン・プレイス
Taj Campton Place
P.64

P.65 キンプトン・サー・フランシス・ドレイク
Kimpton Sir Francis Drake

P.69 サックス・フィフス・アヴェニュー
P.65 ケンジントンパーク
Kensington Park ⑮

ハンドリー・ユニオンスクエア
Handlery Union Square
ナパバレー・ワイナリー・エクスチェンジ
Napa Valley Winery Exchange
P.69

P.65 ユニオンスクエア
Union Square ③④⑤

ウェスティン・セントフランシス
Westin St. Francis

P.65 キング・ジョージ
King George H

P.64
P.68 カフェマデレーヌ

シティスケープ・バー・＆・ラウンジ
Cityscape Bar & Lounge
P.51

P.66 ヒルトン
Hilton H

P.66 パーク55
Park 55 H

P.69 ウエストフィールド・サンフランシスコ・センター
Westfield San Francisco Centre

グランドハイアット
Grand Hyatt

ユニオンスクエア
Union Square

Maiden

メーシーズ
Macy's

ヴィラ・フローレンス
Villa Florence

Cafe Madeleine

ニッコー
Nikko

マリオット・マーキース
Marriott Marquis

P.61 ギャップ
GAP

Powell St. M

リーバイス・ストア
Levi's Store
P.61

旧造幣局
Old Mint

P.56
ブルーボトルコーヒー
Blue Bottle Coffee C

コンテナ・ストア
Container Store

1

ジェファーソン・
スクエア・パーク
Jefferson
Square Park

Van Ness Ave.

Franklin St.

Gough St.

Hyde St.

Leavenworth St.

Jones St.

Taylor St.

Mason St.

5th St.

Turk St.

Golden Gate Ave.

McAllister St.

アシア美術館
Asian Art Museum
P.36

B Civic Center

サンフランシスコ・オペラ
④⑦⑨

ハーブスト劇場
Herbst Theatre E

戦争記念歌劇場
War Memorial Opera House

2

ラ・ブランジェリー P.33
La Boulangerie C

スミッテン・アイスクリーム P.33
Smitten Ice Cream

オールバーズ
Allbirds S
P.33

ティンバック2 P.59
Timbuk 2

ベータ P.19
B8ta

サンフランシスコ市庁舎
San Francisco City Hall

ビル・グラハム公会堂
Bill Graham Civic Auditorium

Grove St.

Hayes St.

シドニー・ゴールドスタイン劇場
Sydney Goldstein Theater

SF JAZZ

Fell St.

Oak St.

Octavia St.

Laguna St.

Market St.

Mission St.

Minna St.

Natoma St.

Howard St.

Folsom St.

8th St.

Harrison St.

6th St.

7th St.

• Twitter本社

プロジェクト・ジュース
Project Juice S
P.23

• Uber本社

サイトグラスコーヒー
Sightglass Coffee C
P.55

Airbnb本社

トレーダー・ジョーズ
Trader Joe's

3

Guerrero St.

Valencia St.

9th St.

10th St.

11th St.

12th St.

Central Fwy.

14th St.

15th St.

レインボー・グローサリー P.23
Rainbow Grocery S

A

B

134

クロッカー・ギャラリア
Crocker Galleria
Montgomery St.
ノースフェイス
The North Face
P.61
パレス
Palace

アマゾンゴー P.18
Amazon Go
カフェ・エックス P.19
Café X

セールスフォース・タワー P.20
Salesforce Tower
セールスフォース・
トランジットセンター P.20

サウス・オブ・マーケット
South of Market

アイスクリーム・ミュージアム P.37
Museum of Ice Cream

ザ・ロータンダ・
アット・ニーマン・マーカス P.69
The Rotunda at Neiman Marcus

スーパー・
デューパー・バーガー
Super Duper Burgers
P.69

セント・レジス・サンフランシスコ P.64
St. Regis San Francisco

オーシーズンズ
Four Seasons
64

ヤーバ・ブエナ・
ガーデン
Yerba Buena Gardens

サンフランシスコ近代美術館 P.34
San Francisco Museum of Modern Art

カフェ・エックス
Café X
メトレオン
Metreon
ルーフトップ
Rooftop

サモバーティー P.22
Samovar Tea

クリエーター P.19
Creator

観光案内所
Moscone Center
モスコーニセンター

ミスコーニ・ウエスト
Moscone West

240m 徒歩3分

ホール・フーズ・マーケット P.63
Whole Foods Market

コントラバンド・コーヒー・バー
Contraband Coffee Bar
P.23

裁判所

オラクルパーク
Oracle Park

サンフランシスコ
カルトレイン駅
**San Francisco
Caltrain Station**

REI

Townsend St.

John F. Foran Fwy.

ベイブリッジ
Bay Bridge

Dwight D. Eisenhower Hwy.

Terry A. Francois Blvd.

3rd St.

チェイスセンター
Chase Center

1

2

3

D

C

A ···(76)··· Lombard St. B

S Walgreens

28

イタリアン・ホームメイド・カンパニー R
Italian Homemade Co.

Greenwich St.

ルルレモン・アスレティカ S
Lululemon Athletica

アンビアンス R
Ambiance

Filbert St.

バンブー Bamboo B
ユニオンストリート
Union Street

ウマミ・バーガー R
Umami Burger

1

Union St.

Buchanan St.

Laguna St.

Octavia St.

Gough St.

Franklin St.

Van Ness Ave.

キャッスルイン S
Castle Inn

イン・オン・ブロードウエイ H
Inn on Broadway

Green St.

Vallejo St.

Broadway

ハリス・レストラン R
Harris'Restaurant

ハウス・オブ・プライム・リブ R
House of Prime Rib

22

パシフィックハイツ
Pacific Heights

Pacific Ave.

Jackson St.

10

ハース・
リリエンサール・ハウス
Haas-Lilienthal House

47
49

Washington St.

ロシーズ P.58 R
Rothy's

10

ラファイエットパーク
Lafayette Park

Clay St.

Jackson St.

10

アルタプラザ・パーク
Alta Plaza Park

Scott St.

Steiner St.

Fillmore St.

モンロー・レジデンスクラブ H
Monroe Residence Club

Broderick St.

Divisadero St.

Clay St.

ギター・センター S
Guitar Center

Sacramento St.

240m 徒歩3分

ホール・フーズ・マーケット
Whole Foods Market

Pine St.

Baker St.

Peet's Coffee & Tea C
P.32 ベネフィット
Benefit

Ralph Lauren S
グローブ P.32 R
Grove

ケンモア・レジデンスクラブ H
Kenmore Residence Club

2

California St.

Pine St.

Pierce St.

クイーン・アン H
Queen Anne

Bush St.

Sutter St.

ジャパンタウン
Japantown

②③

紀伊國屋ビル
Kinokuniya Bldg.

平和の塔

Post St.

フィルモア E
Fillmore
P.32

Geary Blvd.

ニジヤ・マーケット S
Nijiya Market

セントメアリー大聖堂
St.Mary's Cathedral

ステート・バード・プロビジョンズ R
State Bird Provisions
P.32
キンベルプレイグランド

66

Safeway S

38 38R

O'Farrell St.

Ellis St.

イン・アット・ジ・オペラ H
Inn at the Opera

Eddy St.

22

プラジ
Plaj

Turk St.

3

シャトー・チボリB&B H
The Chateau Tivoli B&B

5 5R S

スマグラーズ・コーブ
Smuggler's Cove

Golden Gate Ave.

McAllister St.

Fulton St.

パシフィックハイツ周辺

N 0 250 500m

レア・ディバイス S
Rare Device

ペリッシュ・トラスト S
Perish Trust

P.55 ザ・ミル
The Mill

アラモスクエア
Alamo Square

Grove St.

Hayes St.

A B

Fell St.

バークレー

N
0　250　500m

ノースフェイス・アウトレット S
The North Face Outlet

アール・イー・アイ S
REI

アマゾン・フォースター S
Amazon 4-Star
P.40

アクミ・ブレッド R
Acme Bread

バークレー・イン H
Berkeley Inn

ガーディナー S
The Gardener
P.40

アップルストア S
Apple Store

アンソロポロジー S
Anthropologie

アムトラック・バークレー駅
(Amtrak)

チーズ・ボード・ピザ・コレクティブ R
Cheese Board Pizza Collective

センス・ホテル・バークレー R
Sens Hotel Berkeley

ファーマーズマーケット(木曜)
Farmers' Market

セーフウェイ S
Safeway

シェ・パニース P.40 R
Chez Panisse

トリプル・ロック・ブリュワリー R
Triple Rock Brewery

バークレー・リポートリー・シアター
Berkeley Repertory Theatre

観光案内所
BART出入口

ダウンタウン・バークレー・YMCA H
Downtown Berkeley YMCA

ファーマーズ・マーケット(土曜)
Farmers' Market

バークレー・コミュニティ・シアター
Berkeley Community Theatre

シャタック・プラザ R
Shattuck Plaza
Five

BART
ダウンタウン
バークレー駅

公共
図書館

バークレー・シティ・クラブ H
Berkeley
City Club

UCバークレー美術館 P.39
UC Berkeley Art Museum

カリフォルニア大学
バークレー校 P.38

古生物学
博物館

セイザータワー
Sather Towe

人類学博物館

学生会館

カル・スチューデント・ストア S
Cal Student Store

モエス・ブックス
Moe's Books
P.40

アメーバ・ミュージ
Amoeba Musi
P.40

バークレー・フリーマーケット
Berkeley Flea Market

バークレーボウル・マーケットプレイス S
Berkeley Bowl Marketplace

San Francisco Bay

Aquatic Park

ソノマカウンティ

N
0　2.5　5km

ヒールズバーグ (P.45) へ

ケンダル・ジャクソン・ワイン・エステイト & ガーデン
JKendall-Jackson Wine Estate & Garden

パラダイス・リッジ・ワイナリー
Paradise Ridge Winery

フォレストビル
Forestville

フルトン
Fulton

チャールズ・M・シュルツ博物館
Charles M. Schulz Museum

グラトン
Graton

サンタローザ
Santa Rosa
P.45

セントヘレナ
St. Helena

フリーマン・ヴィンヤーズ & ワイナリー
Freeman Vineyards & Winery

セバストポール
Sebastopol

シャトー・セント・ジーン・ワイナリー
Chateau St.Jean Winery

ケンウッド
Kenwood

グレンエレン
Glen Ellen

ジャック・ロンドン州立歴史公園
Jack London State Historic Park

Cloverdale
Geyserville
Healdsburg
Calistoga
Santa Rosa
St Helena
Sonoma　Napa
Petaluma

ソノマカウンティ
P.138

ブエナ・ビスタ・ワイナリー
Buena Vista Winer

ソノマ州立歴史公園
Sonoma State Historic Park

ソノマ
Sonoma
P.45

ディロン
ビーチ
Dillon Beach

トマレス
Tomales

トゥーロック
Two Rock

ペタルマ・ビレッジ・プレミアム・アウトレット
Petaluma Village Premium Outlet

ペタルマ
Petaluma
P.45

ナパバレ
(P.43)

ミキボイ・ランチ
Mcevoy Ranch

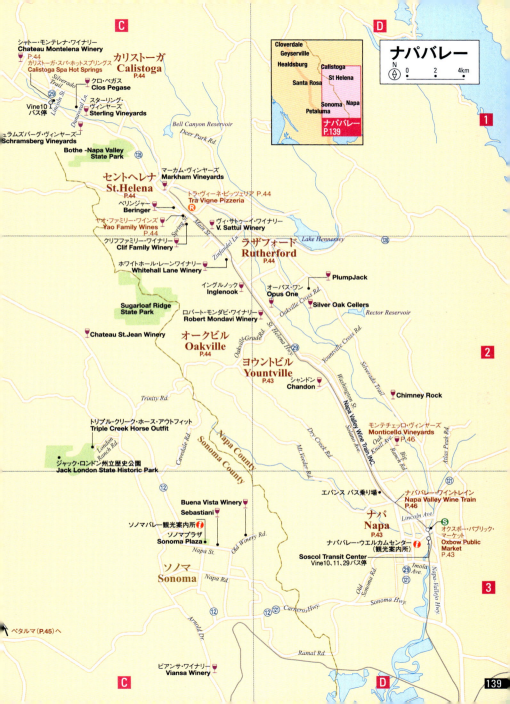

INDEX

● 泊まる

STAFF

Producer
三戸　良彦　Yoshihiko Sando

Editors & Writers
永岡　邦彦　Kunihiko Nagaoka (Office Post it Inc.)
土屋　朋代　Tomoyo Tsuchiya

Editorial Cooperation
横田　麻希　Maki Yokota
関根　絵里　Elli Sekine

Photographers
永岡　邦彦　Kunihiko Nagaoka (Office Post it Inc.)
写真協力　(有)地球堂　Chikyu-do,Inc. ©iStock
©Adobe Stock, ©Flickr

Cover Design
花澤　奈津美　Natsumi Hanazawa

Designers
荒井　英之　Hideyuki Arai (Trouble and Tea Design)
滝澤　しのぶ　Shinobu Takizawa (atelier PLAN Co., Ltd.)
近藤　麻矢　Maya Kondo (atelier PLAN Co., Ltd.)
三橋　加奈子　Kanako Mitsuhashi (atelier PLAN Co., Ltd.)

Illustration
朝倉　めぐみ　Megumi Asakura

Map
(株)ジェオ　GEO Co., Ltd.
(株)アトリエ・プラン　atelier PLAN Co., Ltd.

Proofreading
(有)トップキャット　Top Cat,Inc.

Special thanks to
カリフォルニア州政府観光局　Visit California
サンフランシスコ観光協会　San Francisco Travel Association
ユナイテッド航空　UNITED AIRLINES
ハーツ・アジア・パシフィック(株)　HERTZ ASIA PACIFIC (JAPAN) LTD.
Lake Tahoe Visitors Authority, Visit Napa Valley
Sonoma County Tourism, Visit Mendocino County

地球の歩き方

[ぷらっと]
Plat

SAN FRAN CISCO
㉕ サンフランシスコ

2020年3月4日　初版発行

2020年2月現在

著作編集　地球の歩き方編集室
発行所　株式会社ダイヤモンド・ビッグ社
　　　　〒104-0032 東京都中央区八丁堀2-9-1
編集部　TEL.(03)3553-6667
広告部　TEL.(03)3553-6660　FAX.(03)3553-6693
発売元　株式会社ダイヤモンド社
　　　　〒150-8409 東京都渋谷区神宮前6-12-17
　　　　販売 TEL.(03)5778-7240

Published by Diamond-Big Co.,Ltd.
2-9-1 Hatchobori, Chuo-ku, Tokyo, 104-0032 Japan
TEL.(81-3) 3553-6667 (Editorial Section)
TEL.(81-3) 3553-6660 (Advertising Section)
FAX.(81-3) 3553-6693 (Advertising Section)

● **読者投稿**
〒160-0023 東京都新宿区西新宿6-15-1
セントラルパークタワー・ラ・トゥール新宿705
株式会社地球の歩き方メディアパートナーズ
地球の歩き方サービスデスク「Plat サンフランシスコ」投稿係
FAX.(03)6258-0421
URL www.arukikata.co.jp/guidebook/toukou.html

● **地球の歩き方ホームページ(海外旅行の総合情報)**
URL www.arukikata.co.jp

● **ガイドブック『地球の歩き方』(検索と購入、更新・訂正情報)**
URL www.arukikata.co.jp/guidebook